PROCÈS DES ACCUSÉS DES 12 ET 13 MAI.

DEUXIÈME CATÉGORIE.

Imprimerie PORTHMANN, rue du Hasard-Richelieu, 8.

PROCÈS

DES ACCUSÉS

DES 12 ET 13 MAI

DEVANT LA COUR DES PAIRS.

2ᵉ Catégorie; — Blanqui et autres,

CONTENANT

LES FAITS PRÉLIMINAIRES, LES DÉBATS, LES INTERROGATOIRES, LES DÉPOSITIONS DES TÉMOINS, LES REQUISITOIRES, LES PLAIDOIRIES, LES RÉPLIQUES ET L'ARRÊT DE CONDAMNATION.

PARIS,

PAGNERRE, EDITEUR,

RUE DE SEINE, 14 BIS.

—

1840

PROCÈS

DES ACCUSÉS DES 12 ET 13 MAI.

Deuxième catégorie.

Débats.

PREMIÈRE AUDIENCE. — 13 JANVIER.

Appel nominal des pairs. — Interrogatoire des accusés sur leurs nom, prénoms, profession et domicile. — Lecture de l'acte d'accusation. — Interrogatoire de Blanqui, Quignot et Quarré.

C'est dans la nouvelle salle, construite sur l'emplacement de la salle dite *provisoire*, que les débats vont s'ouvrir. Cette salle, dont les travaux ne sont pas achevés, est presque de moitié plus grande que l'ancienne; la nudité de sa voûte et le badigeonnage jaunâtre de ses murs et de ses maigres colonnes en bois lui donnent un aspect fort triste, quoiqu'elle soit assez bien éclairée et malgré les tentures qui décorent les tribunes et les bas-côtés. Trois grandes tribunes, divisées en plusieurs compartiments, sont destinées à recevoir le public et les journalistes.

Les dispositions intérieures de la salle sont, à très-peu de chose près, les mêmes que celles qui furent prises pour le procès de la première catégorie. A la place du bureau du président et de la tribune sont de longues banquettes disposées en gradins, recouvertes de draperies vert-clair et destinées aux accusés et à leurs défenseurs. A gauche du public s'élève le fauteuil de M. le président et le bureau du greffier. A droite les siéges des membres du parquet.

Le couloir de gauche est occupé par les témoins qui doivent déposer dans ce procès; on remarque deux femmes parmi eux. Le couloir de droite est occupé par la force armée.

Les portes sont ouvertes au public à onze heures.

MM. les pairs se promènent dans l'enceinte et reconnaissent la place que chacun d'eux doit occuper.

A midi et quelques minutes les accusés sont introduits, accompagnés chacun par un gendarme qui les tient par le bras et ne les quitte que lorsqu'ils sont assis. Leur tenue est calme et parfaitement convenable. Ils sont au nombre de 31, et prennent place, dans l'ordre suivant, sur les quatre banquettes qui leur ont été réservées :

PREMIÈRE BANQUETTE.

Blanqui, Quignot, Quarré, Charles, Mouline, Bonnefonds, Piéfort, Focillon.

DEUXIÈME BANQUETTE.

Espinousse, Hendrick, Lombard, Simon, Hubert, Huart, Béasse, Petremann.

TROISIÈME BANQUETTE.

Bordon, Evanno, Lehéricy, Dupouy, Druy, Herbulet, Vallière, Élie.

QUATRIÈME BANQUETTE.

Godard, Patissier, Gérard, Dubourdieu, Dugrospré, Buisson, Bouvrand.

A midi et demi un huissier annonce la Cour.

MM. les pairs, ayant en tête M. Pasquier, en grand costume de chancelier, entrent par le couloir de droite et prennent place sur leurs siéges. On remarque que M. Pasquier a substitué au tricorne un bonnet arménien en velours bordé d'hermine blanche.

L'audience est ouverte.

Les membres du parquet sont introduits. Ce sont MM. FRANCK-CARRÉ, procureur-général ; Boucly et Nouguier, ses substituts.

M. LE PRÉSIDENT annonce que plusieurs pairs lui ont écrit qu'ils sont empêchés, pour cause de maladie, de prendre part aux débats du procès.

M. GAUCHT, secrétaire archiviste, fait l'appel nominal.

Voici les noms de MM. les pairs qui ont répondu et qui devront assister aux débats jusqu'à la prononciation de l'arrêt pour y avoir voix délibérative.

MM. le baron Pasquier, président ; de Montmorency, de Reggio, de Castries, de Louvois, Molé, Ricard, Séguier, de Noé, de Massa, Decazes, Claparède, d'Houdetot, Mounier, Mollien, Reille, de Sparre, de Talhouet, Verhuell, de Germiny, de Bastard, Portalis, de Crillon, Siméon, Roy, de Vaudreuil, de Tascher, Molitor, d'Haubersaert, de Courtarvel, de Breteuil, Dejean, de Richebourg, de Plaisance, de Brancas, Cholet, de Montebello, Lanjuinais, de Laplace, de Larochefoucault, Ségur-Lamoignon, de Périgord, de Ségur, de Bondy, Davillier, Gilbert de Voysins, d'Anthouard, de Caffarelli, Excelmans, Jacob, Philippe de Ségur, de Lascour, Roguet, de Larochefoucauld, Girod (de l'Ain), Athalin, Aubernon, Besson, Boyer, Cousin, Desroys, Dutaillis, de Fezensac, de Fréville, Gautier, Heudelet, Humblot-Conté, Malouet, de Montguyon, d'Ornano, Roussin, Thénard, Tripier, Turgot, Zangiacomi, de Ham, de Mareuil, Béranger, Berthezène, de Colbert, de Lagrange, Félix Faure, Daru, Baudrand, Neigre, de Beaumont, Brayer, de Reinach, de Saint-Cricq, Barthe, d'Astorg, Brun de Villeret, de Cambacérès, de Chabot, de Cordoue, Feutrier, de la Moussaye, de Ricard, de Lariboissière, de Saint-Aignan, Siméon, de Rambuteau, Voisin de Gartempe, Bresson, d'Andigné de la Blanchaye, d'Audiffret, de Monthion, de Chanaleilles, Darriule, Delort, Dupin, Durosnel, d'Escayrac de Lauture, d'Harcourt, d'Abancourt, Jacquinot, Keratry, d'Audernarde, Halgan, Mérilhou, de Mosbourg, Odier, Paturle, de Vandeuvre, Pelet, Pelet de la Lozère, Perrier, Petit, de Préval, Tarbé, de Vauxclair, Tirley, Villiers du Terrage, Vuillaumez, Bourdeau, Laplagne-Barris, Rouillier de Fontaine, Daunant, de Jessaint, de Saint-Didier, Maillard, de la Force, de la Pinsonnière, Nau de Champlouis, Gay-Lussac.

Les pairs récemment promus ne siégent pas.

M. LE PRÉSIDENT interroge les accusés sur leurs nom, prénoms, âge, lieux de naissance, profession et demeure. Ils répondent dans l'ordre et ainsi qu'il suit :

Louis-Auguste Blanqui, âgé de trente-cinq ans, demeurant à Gency, près Pontoise (Seine-et-Oise), né à Nice. Cet accusé a confié sa défense à M⁰ Dupont, avocat.

2ᵉ accusé, Pierre-Louis-Rose Quignot, tailleur, âgé de trente ans, né à Nanteuil (Oise), demeurant à Paris, rue Saint-Denis, 350. Il est assisté de M⁰ Grévy.

3ᵉ accusé, Alexandre Quarré, cuisinier, né à Dijon, demeurant à Paris, rue Louis-le-Grand, 20. Il sera défendu par M⁰ Lauras et par M. l'abbé Quarré, son frère.

4ᵉ accusé, Charles (Jean), marchand de vins, rue de Grenelle-Saint-Honoré, 13, âgé de trente-trois ans, né à Aigueperse (Puy-de-Dôme). Il a pour défenseur M⁰ Jules Favre, et pour conseils M⁰ Auguste Salheuve et Charles Parine.

5ᵉ accusé, Eugène Moulines, âgé de vingt-huit ans, ingénieur, né à Carcassonne (Aude), demeurant à Paris, quai Jemmapes, 162. Défenseur, M⁰ Paulmier.

6⁰ accusé, Pierre Bonnefonds, cuisinier, né à Alré (Saône-et-Loire), demeurant à Paris, rue de la Chaussée-d'Antin. Avocat, M⁰ Dérodé.

7⁰ accusé, François Piéfort, âgé de vingt-un ans, charpentier, né à Dijon, demeurant à Paris, Faubourg-Saint-Martin, 105.

8⁰ accusé, Auguste Focillon, mêmes âge, demeure et profession que le précédent. Ces deux accusés ont choisi M⁰ Dubréna.

9⁰ accusé, Jean-Léger Espinousse, âgé de vingt-un ans, tailleur, né à Mussy (Dordogne), demeurant à Paris, rue Saint-Honoré, 245. Défenseur, M⁰ Nogent St-Laurent.

10⁰ accusé, Hippolyte Kendrick, âgé de vingt-quatre ans, bottier, né et demeurant à Paris, rue Saint-Jacques-la-Boucherie, 25. Avocat, M⁰ Desgranges.

11⁰ accusé, Louis-Honoré Lombard, âgé de vingt-deux ans, ciseleur, né à Vitry-sur-Seine, demeurant à Paris, passage de Rome. Défenseur, M⁰ Montader.

12⁰ accusé, Jean-Honoré Simon, vingt-deux ans, ouvrier chapelier, né à la Mauffe (Manche), demeurant à Paris, passage Pecquet, 15.

13⁰ accusé, Georges-Constant Hubert, vingt-deux ans, chapelier, né à Digueville (Manche), demeurant à Paris, rue des Rosiers, 36. Ces deux accusés sont assistés de M⁰ Desmarets.

14⁰ accusé, Camille Huart, dix-neuf ans, graveur, né à Mons (Ardennes), demeurant à Paris, rue Princesse, 7. M⁰ Mathieu a été chargé de le défendre.

15⁰ accusé, Jean-François Béasse, vingt ans, serrurier en bâtimens, né à Paris, y demeurant, rue de Reuilly, 53. Avocat, M⁰ Genteur.

16⁰ accusé, Emile Pétremann, vingt-deux ans, cordonnier, né à Mézières (Ardennes), demeurant à Paris, rue des Arcis, 9. Avocat, M⁰ Delamarre.

17⁰ accusé, Jean-Maurice Bordon, dix-huit ans, homme de peine, né en Savoie, demeurant à Paris, impasse des Anglais, 1. Défenseur, M⁰ Thomas.

18⁰ accusé, Jean-Jacques Evanno, trente-quatre ans, ouvrier boulanger, né dans le département du Morbihan, demeurant à Paris, rue Ménilmontant. Défenseur, M⁰ Charles Hello.

19⁰ accusé, Paul-Joseph Lehéricy, trente-deux ans, peintre en bâtimens, né à Paris, y demeurant, rue St-Martin, 75. Défenseur, M⁰ Moreau.

20ᵉ accusé, Bertrand Dupouy, vingt-un ans, tailleur, né à Mont (Landes), demeurant à Paris, rue Verdelet, 22. Avocat, M⁰ Adrien Benoist.

21ᵉ accusé, Charles Druy, trente ans, tailleur-coupeur, né à Zara (Dalmatie), demeurant à Paris, rue Montorgueil. Défenseur, M⁰ Rodrigues.

22ᵉ accusé, Jean-Nicolas Herbulet, vingt-neuf ans, ébéniste, né à Mesnil (Meuse), demeurant à Paris, rue Louis-Philippe, 2. Défenseur, M⁰ Le Royer.

23ᵉ accusé, François Vallière, trente-un ans, imprimeur, né à Issoire (Puy-de-Dôme), demeurant à Paris, rue Contrescarpe. Défenseur, M⁰ Mand'heux.

24ᵉ accusé, Charles-Etienne Elie, vingt-deux ans, garçon marchand de vins, né et demeurant à Paris, rue de la Vannerie, 35. Avocat, M⁰ Porte.

25ᵉ accusé, Charles Godard, quarante ans, bonnetier, né à Caen, demeurant à Paris. Avocat, M⁰ Blot-Lequesne.

26ᵉ accusé, Pierre-Joseph Patissier, vingt-deux ans, frotteur, né en Savoie, demeurant à Paris. Avocat, M⁰ Gressier.

27ᵉ accusé, Benjamin-Stanislas Gérard, trente-quatre ans, vernisseur sur cuirs, né à Persant (Seine-et-Oise), demeurant à Paris, barrière Charonne. Avocat, M⁰ Grellet.

28ᵉ accusé, Jean Dubourdieu, vingt ans, tailleur, né à Castillan (Gironde), demeurant à Paris, rue de Chartres, 12. Avocat, M⁰ Comte.

29ᵉ accusé, Eugène Dugrospré, vingt-neuf ans, ciseleur, né à Beauvais, demeurant à Paris, rue du Temple, 31. Avocat, M⁰ Hemerdinger.

30ᵉ accusé, Auguste Bouvrand, vingt-six ans, monteur en cuivre, né et demeurant à Paris, rue des Enfans-Rouges. Avocat, M⁰ Jolly.

31ᵉ accusé, Louis-Médard-Buisson, dit Félix Pieux, vingt-deux ans, peintre sur porcelaine, né et demeurant à Paris, rue Ménilmontant, 32. Défenseur, M⁰ Cadet de Vaux.

Deux autres accusés sont absens; ce sont : Netré, clerc d'huissier, et Jean-Frédéric Argout.

M. LE PRÉSIDENT rappelle aux défenseurs les dispositions de l'art. 311 du code d'instruction criminelle, et les invite à s'y conformer.

Accusés, ajoute-t-il, soyez attentifs aux charges qui vont être produites contre vous.

M. CAUCHY, greffier en chef, donne lecture des volumineuses pièces de la procédure.

Il résulte de ces pièces que les accusés sont traduits devant la cour pour avoir commis à Paris, au mois de mai dernier, un attentat dans le but, soit de détruire, soit de changer le gouvernement, soit d'exciter les citoyens ou habitans à s'armer contre l'autorité royale, soit d'exciter la guerre civile en armant ou en portant les citoyens ou habitans à s'armer les uns contre les autres, crimes prévus par les art. 87, 88, 89 et 91 du code pénal.

(Le rapport, le réquisitoire et l'acte d'accusation ont, comme dans la première catégorie, divisé cette affaire en deux grandes séries : la première contient les faits généraux, et la seconde les faits particuliers. Quant aux faits généraux, ils ont été suffisamment signalés dans le premier rapport de M. Mérilhou ; et quant aux faits particuliers, ils le reproduiront dans les débats. Nous nous abstiendrons donc de reproduire les pièces, dont la lecture a duré jusqu'à quatre heures et demie.

On fait retirer les témoins, et M. le président procède à l'interrogatoire des accusés.

M. LE PRÉSIDENT. — Accusé Blanqui, vous venez d'entendre les charges qui s'élèvent contre vous. Depuis longtemps vous êtes signalé pour la violence de vos opinions républicaines. Ainsi dès 1836 vous avez été condamné avec Barbès, pour fabrication de poudre et pour initiation à des sociétés secrètes. Cette condamnation ne vous a pas corrigé, et vous avez continué à conspirer contre le gouvernement de votre pays. Vous vous êtes associé d'une manière complète à tous les attentats qui ont eu lieu, et surtout à celui du 12 mai. Qu'avez-vous à répondre pour votre défense ?

BLANQUI. — J'ai répondu uniquement pour constater mon identité ; mais comme je ne trouve pas de garanties suffisantes dans le tribunal qui va me juger, je crois devoir déclarer que mon intention est de ne répondre à aucune des questions qui me seront posées. Cependant, en présence de l'accusation de cruauté adressée au parti républicain, moi qui appartiens à cette opinion, moi qui suis de ce parti, je crois devoir repousser formellement ici cette accusation qui pèse sur lui.

Non, Messieurs, ni aujourd'hui, ni jamais, dans tout ce qui s'est accompli depuis 1830, les républicains ne se sont montrés sanguinaires, ni cruels. En 1832, en 1834, en 1839 ils n'ont pas encouru ces reproches de cruauté qu'on leur a lancés dans les réquisitoires du ministère public, et dans le double rapport de M. Mérilhou; ce ne sont point eux qui en 1834 ont versé le sang de femmes, de vieillards, d'enfans, non, ce ne sont point eux; et en 1839, ils ne se sont pas montrés cruels non plus. Vous avez lu attentivement sans doute ce qui concerne cette malheureuse affaire, je l'ai lu aussi, et malgré les accusations qui ont été accumulées avec tant de force, malgré toutes les déclamations, j'ose dire, auxquelles on s'est livré, je crois que les faits qui ressortent en réalité de ce débat ont prouvé que les républicains n'ont pas déployé cette férocité qu'on leur reproche : s'ils ont parlé quelquefois avec violence, ils ont toujours agi avec humanité ; bien différens de leurs adversaires, ils ont montré de l'humanité, autant l'épée que la plume à la main.

Dans la dernière affaire, on a parlé de sang répandu par torrens, et c'est à l'occasion de la prise du poste du Palais-de-Justice et de celui du marché St-Jean. Eh bien ! au Palais-de-Justice, vous savez ce qui s'est passé. 30 hommes étaient rangés en bataille; les insurgés, au nombre de 30 à 40 hommes mal armés, ont débouché par la rue Planche-Mibray; ils se sont avancés par le pont Notre-Dame, ont continué leur marche par le quai aux Fleurs, et sont arrivés jusqu'au poste sans tirer un seul coup de fusil.

Ceci ne semble pas montrer, je crois, une si grande soif de sang; car en suivant cette direction, les insurgés s'exposaient à un feu de peloton qui pouvait en coucher par terre un grand nombre. On a dit que les soldats n'avaient pas leurs armes chargées; mais comment les insurgés pouvaient-ils le savoir? Ils ont dû croire que la troupe était prête à les recevoir. En effet, n'avait-elle pas eu le temps de charger ses armes depuis qu'on savait que les insurgés parcouraient la rue St-Martin, et cependant ceux-ci se sont avancés sur elle sans tirer. Arrivés là, ils ont sommé l'officier qui commandait le poste de mettre bas les armes; l'officier a refusé. Alors les insurgés ont fait feu. Sans doute c'est un malheur que l'opinion républicaine déplore plus que personne : mais que vouliez-vous que fissent les républicains? Ils avaient pris des armes, c'était pour s'en servir. Dites que c'est un crime, je le veux bien ; mais s'ils avaient couru déjà toutes les chances d'une résolution si désespérée, il fallait bien la poursuivre; il fallait bien sommer les soldats de mettre bas les armes, et les soldats refusant, les insurgés ont dû prendre une résolution décisive; mais par quel étrange abus de langage a-t-on pu dire que 30 soldats rangés en bataille, l'arme au bras, la giberne au côté, ont été massacrés sans défense par 40 hommes mal armés? Est-ce possible, est-ce croyable? non. Les soldats n'ont voulu ni combattre, ni se rendre. Cependant il n'y avait pas à hésiter. Il y a ici des généraux qui savent que sur le champ de bataille il faut faire l'une ou l'autre de ces deux choses, se battre ou se retirer. Les insurgés, qui ne voulaient pas se retirer, ont combattu.

Au marché St-Jean le même fait s'est reproduit; mais y a-t-il encore lieu à cet égard de lancer contre le parti républicain le reproche de cruauté et de férocité? Vous l'avez entendu, après la prise du poste un grand nombre d'insurgés avaient versé des larmes et montré la plus vive douleur à la vue des soldats du poste étendus morts. Est-ce là de la férocité? Messieurs, les hommes qui aiment le sang le versent sans regret et sans douleur. Encore une fois, non! nous n'avons jamais professé une doctrine de sang.

Voilà tout ce que j'avais à vous dire; j'ai voulu repousser et je repousse, comme membre du parti républicain, les accusations qui ont été portées contre nous; j'ai voulu dire que les accusations que l'on a entassées contre les républicains, depuis le 12 mai, étaient fausses et j'oserais dire calomnieuses, mais si ce mot déplaisait trop au ministère public, je le retirerais.

M. LE PRÉSIDENT. — Accusé Blanqui, je dois vous avertir que vous vous placez sur le terrain le plus fâcheux pour votre défense. Vous supposez que vous avez le droit d'attaquer le gouvernement de votre pays, de rompre la paix de la cité et de massacrer des soldats surpris à l'improviste et sans déclaration de guerre. Vous êtes dans la plus grave des erreurs. Tout cela est d'un barbare! Ces tristes doctrines ne peuvent que vous attirer la réprobation universelle. Mais vous ne vous défendez pas sur les faits qui vous sont particuliers; vous ne vous défendez pas sur les chefs d'accusation qui doivent porter naturellement à asseoir sur vous-même et sur vos actes le jugement le plus rigoureux que ces actes mêmes puissent comporter.

BLANQUI. — Je n'ai point prétendu discuter sur une doctrine ni entrer dans la question de droit. Je sais bien que votre tribunal ne me permettrait pas de dire que les hommes du parti républicain ou de tout autre parti ont le droit de prendre les armes. Je me suis seulement reporté aux faits matériels tels qu'ils se sont passés. Veut-on que le fait d'hommes, d'insurgés ayant pris les armes, soit aussi criminel que vous venez de l'établir, je vous l'abandonne, je ne m'y oppose pas; mais je dis que, après avoir pris les armes et s'être transformés momentanément en soldats, je dis que, dans ce métier momentané de soldats, ils n'ont pas montré dans leur lutte avec la troupe la férocité qu'on a voulu leur imputer. Voilà tout ce que j'ai voulu dire, et je n'ai pas entendu agiter la question de droit.

M. LE PRÉSIDENT. — Vous faites bien de ne pas discuter le déplorable droit que vous vous arrogez. Je dis que le sang qui a rougi les rues de Paris est le sang de vos concitoyens, de vos frères, et qu'il a été criminellement versé. La défense du territoire national peut seule motiver l'effusion du sang.

BLANQUI. — Vous traiterez notre conduite aussi sévèrement que vous voudrez. Mais je ne pouvais laisser passer sans réponse le reproche de férocité adressé au parti républicain.

M. LE PRÉSIDENT. Quoique vous paraissiez disposé à ne pas répondre, il est de mon devoir de vous adresser quelques questions. Votre but en quittant votre demeure pour venir à Paris au mois de mai dernier, n'était-il pas de vous mettre à la tête de l'insurrection? (Pas de réponse.)

M. LE PRÉSIDENT adresse ensuite à Blanqui d'autres questions sur ses liaisons avec Barbès, sur la Société des Saisons, sur sa participation aux événemens des 12 et 13 mai.

BLANQUI garde le silence et ne répond à aucune question.

M. HOUDART, expert écrivain, déclare qu'une lettre trouvée sur Barbès émane de la main de Blanqui.

M. LE PRÉSIDENT interroge Quignot.

D. Votre nom se trouve au bas de la proclamation trouvée chez l'armurier Lepage. Qu'avez-vous à répondre? — R. Je n'ai pas signé cette proclamation et je n'ai autorisé personne à la signer pour moi.

D. N'avez-vous pas circulé le 12 mai dans toutes les rues où s'était porté l'émeute? — R. Non, Monsieur. A une heure de l'après-midi, après mon travail, je suis allé voir un de mes amis, place des Italiens. Nous sommes allés ensemble lire les journaux au Palais-Royal, et ensuite dîner dans un restaurant qui se trouve dans l'ancienne maison de Frascati. Nous sommes sortis à cinq heures, nous avons pris une demi-tasse, et en nous promenant nous avons appris rue Saint-Denis qu'il y avait une émeute : c'était vers les sept heures. Je suis rentré chez moi à onze heures un quart.

D. Ainsi vous n'étiez pas parmi les insurgés? — R. Certainement ; mais si, comme je l'ai su plus tard, j'avais pensé que des ouvriers se battaient, comme j'ai partagé leurs souffrances, j'aurais voulu partager leurs dangers. (Sensation.)

M. LE PRÉSIDENT. Comment expliquez-vous la possession d'un manuscrit trouvé chez vous, et dans lequel l'auteur, supposant la monarchie détruite et la république triomphante, demande ce qu'il y aurait à faire? — R. Un manuscrit m'avait été remis par un de mes camarades; j'y ai trouvé des idées justes, j'en ai copié une partie.

M. LE PRÉSIDENT interroge ensuite Quarré.

D. Vous avez été arrêté du côté du passage Molière en compagnie de plusieurs insurgés? — R. Convoqué pour une revue de la Société des Saisons, le 12 mai, dans la rue Saint-Martin, je m'y suis rendu. Les sectionnaires s'y trouvaient en petit nombre. J'avais vu passer mon chef sans me douter qu'il s'agît d'émeute et croyant qu'il faisait sa revue comme d'habitude, lorsque je reçus l'ordre d'aller rue Bourg-l'Abbé. J'y allai. Déjà le magasin des frères Lepage était pillé, il y avait du bruit. Moi qui n'avais pas été convoqué pour une attaque, je ne me crus plus engagé, et me bornai à suivre passivement la foule. Plus tard, ne sachant où passer, je me réfugiai passage Beaufort, où je fus arrêté.

L'accusé déclare ensuite n'avoir assisté à l'attaque d'aucun poste; il ne connaissait ni Blanqui, ni Barbès, ni Martin Bernard.

L'audience est levée à cinq heures trois quarts et renvoyée à demain midi.

DEUXIÈME AUDIENCE. — 14 JANVIER.

Interrogatoire des accusés Piéfort, Foeillon, Hendrick, Espinousse, Hubert, Simon et Dupouy. — Dépositions des témoins.

L'audience est ouverte à midi un quart.

M. Gauchy, greffier en chef, fait l'appel nominal. M. le duc de Plaisance ne répond pas à l'appel de son nom.

M. LE PRÉSIDENT procède à l'audition des témoins relatifs à Blanqui.

LENIT, pharmacien à Pontoise. — Je n'ai jamais connu M. Blanqui que comme voyageant par nos voitures. Le 10 mai, il est monté en voiture pour Paris.

LÉCHAUDÉ, cultivateur à Gercy, près Pontoise. — C'est moi qui rasais M. Blanqui. Le 6 mai, j'ai voulu aller le raser ; il était parti pour Paris. Le 8, je le vis passer, et je remarquai même que sa barbe était longue. Le 11, j'allai chez lui, toujours pour le raser. Sa femme me dit encore qu'il était à Paris.

En l'absence de M. Drouot, capitaine de la garde nationale, M. le greffier donne lecture de sa déposition de laquelle il résulte que le poste qu'il commandait fut envahi le 12 mai par les insurgés. M. Drouot a entendu dire que Blanqui se trouvait, sans armes, dans le groupe qui a assailli son poste.

On passe à l'audition des témoins relatifs à Quignot.

M. HAYMONET, commissaire de police. — Chargé, le 14 mai, d'arrêter Quignot, je me suis présenté à son domicile ; il n'y était pas. J'ai appris qu'il ne couchait plus à son domicile depuis les événements. Cependant il fut arrêté le soir chez lui ; il avait coupé ses moustaches.

QUIGNOT. — Je n'ai jamais découché de chez moi, ni coupé mes moustaches.

Un voisine de Quignot ne s'est aperçu de l'absence de cet accusé que lorsqu'il a été accusé.

On interroge l'accusé Charles.

D. N'étiez-vous pas trésorier d'une souscription ouverte dans le but apparent de soulager les détenus politiques ? — R. Le but n'était pas apparent ; j'ai soulagé des femmes malheureuses et âgées, et j'ai servi tous ceux qui souffraient.

D. Une partie des sommes ne fut-elle pas donnée aux auteurs du *Moniteur républicain ?* — R. Je n'en sais rien ; je ne consultais pas les opinions politiques ; il suffisait qu'un homme fût malheureux pour que je *vinsse* à son aide.

D. Vous faisiez-vous donner des quittances ? — R. Quelquefois.

D. Connaissiez-vous Blanqui et Barbès, Pons et Quarré ? — R. Non, Monsieur.

D. Vous étiez très-lié avec Martin Bernard ? — R. Oui, Monsieur.

D. N'est-ce pas vous qui lui avez procuré la retraite après l'émeute ? — R. Oui, Monsieur.

L'accusé nie avoir reçu chez lui, quinze jours avant le 12 mai, une réunion des chefs de la Société des Familles.

Le greffier lit la déposition de Pons, absent. Il en résulte qu'il y aurait eu chez l'accusé Charles, marchand de vins, une réunion politique dans laquelle se seraient trouvés Blanqui et Barbès.

Charles et Quarré nient ce fait.

Me LAURAS, avocat. — Nous désirerions que Pons fût entendu.

M. LE PROCUREUR-GÉNÉRAL. — Nous continuerons à faire tous nos efforts pour le trouver.

BLANQUI. — La réunion qu'on reproche à Charles n'a pas eu lieu. La preuve, c'est que j'étais à Pontoise. Ainsi je ne pouvais pas être à Paris. Ce qui donnerait la mesure de la déposition de Pons. Ce n'est pas pour moi que je dis cela, ça m'est égal, c'est pour mes coaccusés.

M. LE PROCUREUR-GÉNÉRAL. — Vous quittiez souvent Pontoise avant le 12 mai; ce fait est attesté.

BLANQUI. — Tout ce que dit Pons est faux. On sait ce que la vanité inspire de vanteries. Un homme dit qu'il a été à une réunion ou qu'il y a été convoqué; et c'est faux. On a bien dit que j'étais à Londres et je ne sais où.

Viot, restaurateur, a introduit Quarré dans la Société des Saisons.

M. LE PRÉSIDENT interroge l'accusé Moulines.

D. Vous étiez lié avec Emile Maréchal tué sur la barricade Grenétat? — R. Oui, Monsieur.

D. Ne lui avez-vous pas écrit en vue des attentats qui se préparaient? — R. Non, Monsieur; il devait épouser Lise Mennesson, et était allé à Ambérieux solliciter le consentement de sa mère. Son absence affligeait Mlle Mennesson; je me décidai à écrire à Maréchal pour l'inviter à revenir. Lise me dit : « Vous savez ses opinions politiques; il faut lui dire qu'on va faire une émeute, que Paris est à feu et à sang; il reviendra. » J'adoptai cette idée, et je pris la plume sans trop savoir ce que j'écrirais. La preuve en est dans les mots vides et sonores de ma lettre. Il suffit de la lire pour voir combien en la faisant j'étais embarrassé de mon mensonge. Ma lettre n'était pas finie, lorsque M. Perdrijon, un de mes voisins, vint me dire (c'était le 4 avril) qu'il y avait des rassemblements à la porte Saint-Martin. Je m'en réjouis presque, parce que cela me permettait de dire quelque chose de certain. Au reste, Maréchal était un homme de capacité, et son mariage avec Lise Mennesson n'aurait pas empêché l'avenir auquel il avait droit de prétendre.

M. le greffier donne lecture de cette lettre qui est ainsi conçu :

« Mon cher Maréchal, j'ai appris avec plaisir... qu'enfin tu tournais les regards du côté du soleil levant, du côté de cet astre du monde, lumière des intelligences, dont, pour le moment, j'ai l'honneur d'être un sublime rayon : hâte-toi, si tu ne veux pas le voir échancrer sans assister à la fête, car tout me dit qu'ici il se prépare dans les entrailles de la cité, un jour de jubilation et de fièvre, où nous pourrons nous enivrer du parfum de la poudre à canon, de l'harmonie du boulet et de la conduite *extra muros* de cette famille royale que nous enverrons probablement faire son tour de France pour lui apprendre à vivre.

» Ce soir, les magasins d'armes antiques étaient ou plutôt sont gardés par des compagnies de la ligne ; des rassemblements se forment, et de sourdes rumeurs, dans lesquelles on entend par moments les cris de liberté et de patriotisme, de république, d'harmonie fourriériste, etc., circulent. On ne s'aborde plus qu'en demandant ce qui se dit, ce qui se fait plus loin ; enfin, je te dis qu'il y a quelque chose de prêt à éclore, et je crains bien que le concours et la bonne volouté des hommes positifs ne soient plus suffisants : Dieu veuille nous épargner encore cette épreuve ! Si la nuit se passe tranquille, j'augurerai bien de la suite ; mais je crains beaucoup : en attendant, les affaires sont totalement arrêtées, etc. »

Me PAULMIER, défenseur de Mouline. — Puisque cette lettre est soumise à l'attention de la Cour, je signalerai la différence du style qui existe entre le premier et le deuxième paragraphe. Ce serait à ce moment que serait intervenu le sieur Perdrijon, qui aurait appris à Mouline qu'il y avait des rassemblements. A partir de ce paragraphe le style de la lettre prend une autre allure.

D. L'accusé n'a-t-il pas cherché à circonvenir la fille Mennesson, pour lui faire modifier sa déposition ?

MOULINE. — Non, Monsieur, je n'ai jamais conseillé à Lise de faire un mensonge. Je lui ai écrit de dire la vérité, toute la vérité (l'accusé élève la voix), malgré les tortures de la prison. D'ailleurs, si j'avais fait partie des sociétés secrètes, je n'aurais pas été assez niais, assez stupide pour écrire cette lettre et donner des armes contre moi.

D. Vous ne saviez pas que cette lettre tomberait entre les mains de la justice. Une fois que vous avez su qu'elle était revenue à Paris, vous êtes allé trouver Lise Menesson pour la lui redemander.

BLANQUI. — Je demande à faire une observation dans l'intérêt de mon co-accusé.

M. LE PRÉSIDENT. — N'interrompez pas ; vous n'êtes pas défenseur. (A Mouline.) N'avez-vous pas pris part à l'insurrection des 12 et 13 mai ? — R. Non, Monsieur.

'avez-vous pas demandé des armes au sieur Gatinot, votre logeur ? — R. Non. M. Gatinot est un vieillard de quatre-vingts ans. Si j'avais voulu ses armes, je les lui aurais prises et je ne les lui aurais pas demandées.

D. Le 11 mai, n'avez-vous pas interrogé un capitaine de la ligne sur les moyens de se retrancher en campagne? — R. Non, Monsieur.

On entend les témoins relatifs à Mouline.

M. AVRIL, capitaine au 28° de ligne. — Le 11 mai, en se promenant dans le jardin avec moi, ce jeune homme me demanda des renseignements sur la manière de se retrancher en campagne. Il avait avec lui un de ses amis qu'on me dit depuis être Emile Maréchal.

MOULINE. — Maréchal n'a jamais couché dans ma chambre.

M. GATINOT, propriétaire de la maison habitée par Mouline. — Le jour de l'émeute, M. Mouline est sorti vers onze heures avec une dame. Ils m'ont dit avoir pris une bavaroise avant de rentrer. Ensuite M. Mouline a joué au volant dans le jardin : cela lui arrivait assez souvent. M. Mouline ne m'a pas demandé mon fusil.

D. Savez-vous si Maréchal a passé la nuit du samedi au dimanche avec Mouline? — R. Non, Monsieur.

M° PAULMIER. — Le témoin connaît-il les opinions politiques de Mouline? — R. Oh! elles sont bonnes. Il aimait les institutions françaises.

BARACHET, fusillier au 28° de ligne, attaché au service du capitaine Avril. — Je connais un peu M. Mouline, et je lui voyais une conduite assez bonne. Quelque temps après l'arrestation de ce monsieur, me trouvant chez Mme Charton, marchande de vins du coin, je dis que j'étais étonné de cette arrestation. Mme Charton me dit : « Et moi pas, parce que le 12 mai il est venu demander des armes à mon mari. » Je le dis à mon capitaine, qui a *dénoncé* ce fait. Huit jours après, le marchand de vins me fit venir chez lui et me pria de ne pas rapporter le propos de sa femme. Je lui répondis que je dirais la vérité.

PIERRE CHARTON, marchand de vins. — Je nie que M. Mouline soit venu me demander des armes. On m'a déjà demandé cela, et j'ai toujours répondu comme aujourd'hui. Je connais l'accusé comme un parfait honnête homme.

M. LE PROCUREUR GÉNÉRAL. — Pourquoi avez-vous fait venir le soldat Barachet chez vous? — R. Pour lui parler de nos comptes; il mangeait à la maison. Je ne lui ai pas parlé de l'affaire Mouline.

D. Vous ne lui en avez pas parlé? — R. Je lui en ai peut-être parlé légèrement. (Murmures.) Excusez si je ne me présente pas bien.

Le témoin Batachet, rappelé, persiste dans sa déposition, et dit qu'il ne devait que 8 sous au marchand de vins.

D. Charton ne vous a-t-il pas offert un verre de vin ? — R. Oui, Monsieur.

LA FEMME CHARTON. — Je connais M. Mouline comme voisin, mais il n'est pas venu demander le fusil de mon mari.

BATACHET rappelé une seconde fois, soutient l'exactitude de sa déclaration.

M⁰ CHARTON. — Vous êtes un faux, un imposteur. Vous voulez servir votre bourgeois pour avoir votre congé.

BATACHET. — Madame, c'est vous qui êtes faux. Ce n'est pas par mon bourgeois que j'aurai mon congé ; quand il sera eu il sera eu.

Mmes GALLET et RANOUSSIN déposent que Moulines est allé, le 12 mai, au Jardin-des-Plantes prendre une bavaroise. Il est sorti à trois heures et n'est rentré qu'à huit.

Un garçon de café du Jardin-des-Plantes fait la même déposition.

M. FARIAS, lieutenant dans la garde nationale, était de service au poste de l'Hôtel-de-Ville le 12 mai. Il croit avoir reconnu Moulines parmi les insurgés.

L'ACCUSÉ. — A quelle heure ? — R. A quatre heures.

M. LE PRÉSIDENT. — Regardez l'accusé.

M. FARIAS. — Je crois l'avoir vu, mais je ne sais pas si c'est chez le juge d'instruction ou à l'Hôtel-de-Ville. (Mouvement.)

M⁰ GRÉVY, défenseur de Philippet dans le procès de la première catégorie. — Le témoin n'est-il pas le même qui avait déclaré avoir vu Philippet au poste de l'Hôtel-de-Ville à quatre heures, alors que l'accusation prétendait et que l'instruction a établi que Philippet se trouvait en ce moment même à une autre extrémité de Paris ?

M. FARIAS. — Oui, Monsieur. (Sensation.)

L'audience est suspendue pendant une demi-heure.

Mlle MENNESSON. — C'est moi qui ai engagé M. Moulines à écrire à Maréchal. Je n'avais déclaré le contraire que parce que j'étais arrêté alors, et que M. Zangiacomi m'avait menacée de me retenir en prison. La déposition que je fais aujourd'hui est la seule vraie.

M. DELAMY, marchand de vins, rue de la Michodière, interpelé sur une réunion qui aurait eu lieu chez lui, ne connaît pas cette circonstance.

L'accusé CHARLES. — La Cour remarquera combien il est difficile à un marchand de vins de savoir s'il y a des réunions chez lui. Elle a entendu M. Delaunay; ma position est la même.

M. LE PRÉSIDENT interroge l'accusé Bonnefonds.

Cet accusé déclare que, le 12 mai, il sortit du restaurant de la rue du Mont-Blanc à trois heures un quart, il alla rue St-Jacques; surpris par l'émeute auprès de la préfecture de police, il reçut une balle dans l'épaule. Il se réfugia dans une allée, trouva un fusil à côté de lui, mais il était étranger à la possession de cette arme. Il nie avoir fait partie de la Société des Saisons, et reconnaît avoir appartenu à celle des Droits de l'Homme.

Trois témoins sont entendus; ils ne reconnaissent pas positivement Bonnefonds. Le sergent de ville Aloffe le reconnaît, au contraire, pour l'avoir arrêté blessé.

M. NIBAUT, limonadier, rue de la Chausée-d'Antin, 2. — J'avais pour cuisinier en chef le nommé Bonnefonds depuis le 11 juin 1836. Je n'ai eu qu'à me louer de sa probité et de ses services. Le 12 mai il est sorti avec deux autres de mes garçons vers deux heures; je ne sais ce qu'il a fait depuis.

M. LE PRÉSIDENT, à M. Nibaut. — Vous pouvez vous retirer.

M. NIBAUT. — M. le président, je demande à la Cour la permission de dire un un mot sur ce que le rapport de M. Mérilhou a de personnel pour moi. Il est dit dans le rapport que le procès actuel se rattache au procès pour fabrication de poudre qui a amené la condamnation de Raban, Dubosc et autres; et à cet égard on avance que Dubosc cachait ses poudres dans ma maison. Ce fait est inexact. Dubosc entrant un jour dans mon café, déposa entre les mains de la demoiselle de comptoir deux livres de poudre enveloppées de manière à laisser croire que c'étaient des volumes, comme cela se fait souvent dans une maison publique. J'étais tout-à-fait étranger à ce dépôt. M. Poinsot, qui porta la parole dans l'affaire, comme organe du ministère public, reconnut ma parfaite innocence et la proclama dans les termes les plus flatteurs.

Cependant on a prétendu que ma maison était un foyer de sédition et de révolte. Tout cela m'a causé le plus grand préjudice. J'ai voulu publier une note rectificative. Je demande que la Cour veuille bien ordonner l'insertion de cette lettre dans les journaux comme réparation du tort qui m'a été causé.

M. LE CHANCELIER. — La Cour n'a pas à s'occuper de l'insertion que vous demandez.

Le témoin se retire en protestant contre le rapport.

Cordillot, appelé par l'accusé Quarré, rend le meilleur compte de la conduite et de la moralité de ce dernier.

L'audience est levée à 5 heures et demie et renvoyée à demain.

------◆------

TROISIÈME AUDIENCE. — 13 JANVIER.

Interrogatoire des accusés Charles, Quarré, Moulines et Bonnefonds. — Dépositions des témoins.

L'audience est ouverte à midi un quart.

L'appel nominal constate l'absence de MM. Sparre, de Crillon, d'Anthouard, Roy, Turgot, de Beaumont, Excelmans et de Lascourt.

M. le président interroge l'accusé Piéfort.

Cet accusé reconnaît avoir été arrêté place du Châtelet; mais il nie avoir pris part à l'insurrection. Il fut blessé en passant, et ignorait que Focillon, en compagnie duquel il fut arrêté, eut des capsules dans sa poche.

Focillon, interrogé à son tour, n'a jamais eu l'intention de se mêler aux insurgés; quant aux capsules trouvées sur lui lors de son arrestation, il les avait découvertes dans un placard de la maison qu'il habite. Il ne croyait plus les avoir dans sa poche.

On entend les témoins.

Gerard, marchand de vins, rue de la Vieille-Tannerie, déclare que, le 12 mai, on apporta chez lui deux individus dont le premier mourut quelques instants après; l'autre était Piéfort, qui était blessé. Les individus qui l'apportèrent dans la boutique du témoin étaient armés de fusils de chasse et d'une espingole.

M. Baylac, maréchal-des-logis dans la garde municipale, était le 12 mai de garde au poste du Châtelet. Il ne reconnaît personne parmi les accusés.

Plusieurs autres témoins, interpelés sur la question de savoir s'ils reconnaissent Piéfort et Focillon, répondent, les uns qu'ils ne les reconnaissent ni l'un ni l'autre, les autres qu'ils reconnaissent seulement Focillon.

Sur la demande de Me Paulmier, avocat de Moulines, la demoiselle Lise Mennesson est rappelée et interrogée de nouveau sur la lettre écrite par cet accusé à Maréchal, elle confirme sa précédente déclaration.

HENDRICK est ensuite interrogé.

Cet accusé déclare être sorti de chez lui le 12 mai vers quatre heures un quart, vêtu en blouse; qu'il n'a été ni à l'Hôtel-de-Ville, ni au Palais de Justice. Il n'a jamais eu d'armes et ne sait rien.

GUIRAUD, rue des Arcis, a vu à travers les persiennes Hendrick parmi les insurgés.

GARNIER, DENIS et PRAQUIN font une déclaration analogue.

DROUOT, capitaine de la garde nationale, et qui commandait, le 12 mai, le poste de l'Hôtel-de-Ville, ne reconnaît aucun des accusés.

ESPINOUSSE est interrogé.

Cet accusé, arrêté le 12 mai, dans un grenier d'une maison impasse Saint-Magloire, déclare ne s'être sauvé dans cette maison que pour ne pas recevoir des coups de fusils; il ne s'est pas servi des cartouches qu'il avait reçues d'un inconnu. Il n'a assisté à l'attaque d'aucun poste.

HUBERT, arrêté en même temps et presque dans le même lieu qu'Espinousse, fait une déclaration analogue à celle de son co-accusé. Il nie toute participation à l'insurrection.

Les accusé SIMON et DUPONT, arrêtés avec les deux précédents, ont été bloqués entre deux feux, et n'ont pris aucune part à l'émeute.

ESPINOUSSE est reconnu par deux témoins. Les autres témoins ne reconnaissent aucun des accusés.

CHARLES, chapelier, connaît Simon et Hubert. Ce dernier, dit-il, faisait faction, avec un fusil de munition, au coin de la rue des Blancs-Manteaux; je lui ai donné une poignée de main.

D. Simon était-il aussi rue des Blancs-Manteaux? — Le témoin: Oui.

UN DÉFENSEUR. — Le témoin n'a-t-il pas été condamné pour vol en 1835?

LE TÉMOIN. — Oui, Monsieur. (Mouvement.)

LE DÉFENSEUR. — N'êtes-vous pas encore en prévention?

LE TÉMOIN. — Je suis en prison, mais je ne suis plus en prévention; je viens d'être condamné pour la seconde fois. (Nouveau mouvement.)

HENDRICK. — Le témoin Charles m'a dit que le sieur Praquin, qui a déjà déposé, lui avait recommandé de dire devant le juge d'instruction qu'il m'avait vu rue des Blancs-Manteaux.

CHARLES. — Praquin m'a engagé à dire que j'avais vu Henrick; mais je ne l'ai pas vu personnellement. (Sensation.)

PRAQUIN, rappelé, soutient qu'il n'a recommandé à Charles autre chose que de dire la vérité.

M⁰ DESMAREST. — Je dois dire à la Cour que Praquin est gérant d'une maison de prostitution. Ainsi les accusés que je défends ne sont chargés que par deux témoignages, celui d'un voleur et celui d'un homme condamné, par pudeur, à taire sa profession.

CHARLES, interpelé de nouveau, déclare ne reconnaître que l'accusé Simon.

Plusieurs militaires et autres témoins racontent ce qui s'est passé à la barricade Saint-Denis, mais ils ne reconnaissent aucun des accusés.

Le témoin GARNAUD, aubergiste rue Saint-Denis, reconnaît Espinousse pour l'avoir vu parmi les insurgés.

GARD, capitaine dans la 6⁰ légion, a arrêté Simon, qui était, dit-il, porteur d'un pistolet qui venait de faire feu.

M⁰ DESMAREST. — M. de Gazan, colonel d'artillerie, a examiné l'arme, et a déclaré qu'elle n'avait pas été tirée.

MIGNET, caporal, et GUIARD, garde municipal, confirment la déposition du témoin Gard.

BONNET atteste que l'accusé Hubert n'a pas quitté la chambre, le 12 mai, avant cinq heures du soir.

La dame FOUCAUD et sa demoiselle ont accompagné Moulines au Jardin-des-Plantes, où ils sont restés jusqu'à huit heures du soir.

La dame BOURGUIGNON affirme que Hendrick n'est sorti de chez lui, le 12 mai, qu'à quatre heures du soir; il rentra à sept heures, et ne quitta pas la maison le lendemain.

L'audience est levée à six heures et renvoyée à demain midi.

QUATRIÈME AUDIENCE. — 16 JANVIER.

Interrogatoire des accusés Biasse, Druard, Petremann, Bordon, Evanno, Lehéricy. — Déposition des témoins.

L'audience est ouverte à midi et demi.

Après l'appel nominal, la cour continue l'audition des témoins.

Plusieurs témoins relatifs à Quignot, font des dépositions, insignifiantes. D'autres témoins rendent un compte des plus satisfaisans de la moralité de cet accusé.

M. TAVARIE, chef d'institution à Fontenay-aux-Roses, et son concierge, constatent que l'accusé Charles est allé le 12 mai, porter une lettre chez eux.

L'accusé Charles est un honnête homme, au dire de plusieurs témoins.

LA FEMME FOMBERTAUX a connu Charles alors qu'elle se trouvait dans le besoin ; elle a reçu plusieurs fois des secours de lui, depuis que son mari et son fils ont été arrêtés à propos de l'affaire du *Moniteur républicain*.

CHARLES. — J'ai accordé des secours à madame tant que son fils a été prévenu ; mais aussitôt qu'il a été condamné, j'ai cessé.

L'accusé Béasse est interrogé.

BÉASSE, qui a été blessé le 12 mai, porte encore le bras en écharpe. Il nie tous les faits que l'accusation met à sa charge. Il était inoffensif lorsqu'il a été blessé.

On interroge ensuite l'accusé Druard.

DRUARD était derrière la barricade Grenétat lorsqu'il fut arrêté ; il se sauvait.

PETREMANN, interrogé à son tour, nie avoir pris part à l'insurrection. S'il avait les mains et la figure noires lorsqu'il a été arrêté, cela tient à ce que sa profession le force à employer des couleurs noires. Il est sorti le 12 mai pour aller au spectacle. Il fut surpris par l'émeute et se réfugia passage Beaufort ; c'est là qu'il fut arrêté.

L'accusé Huart, blessé de vingt-trois coups de baïonnettes et d'armes tranchantes à la barricade Grenétat, allait chercher son père lorsqu'il se trouva malgré lui parmi les insurgés.

La cour entend ensuite les témoins relatifs aux accusés Béasse, Druart, Pétremann et Huart.

M. TISSERAND, capitaine de la garde municipale, croit reconnaître Huart pour un des nombreux insurgés qu'il a blessés à la barricade Grenétat.

LAURENT a conduit Petremann à la Mairie du 6e. Cet accusé avait sur lui des cartouches.

Plusieurs marchands de vins de la rue Grenétat font des dépositions sans importance.

FLEURET s'est trouvé enveloppé avec plusieurs personnes, rue Jean-Robert par un groupe d'insurgés. Huart faisait partie de ceux qui furent enveloppés.

On entend encore plusieurs dépositions dénuées d'importance.

L'accusé BARDOU, arrêté impasse Beaufort, revenait de St-Denis et retournait chez lui lorsqu'il fut entraîné par les insurgés. On l'avait forcé de prendre le fusil dont il était porteur lorsqu'il fut arrêté.

EVANNO interrogé, affirme qu'il n'était pas avec les insurgés le 12 mai. Il a été bloqué par eux dans le passage Beaufort; il n'a aidé à construire aucune barricade. Il n'a pas tiré sur la troupe.

LEHÉRICY a toujours dédaigné les émeutes; il ne faisait point partie de celle du 12 mai; la cartouche qui a été trouvée sur lui lorsqu'il a été arrêté était sans balle; il l'avait trouvée dans le passage Beaufort.

Les témoins relatifs aux accusés Bardou, Evanno et Lehéricy sont entendus.

La déposition des gardes municipaux qui ont arrêté les accusés dans le passage Beaufort, ne jette aucune lumière nouvelle sur l'affaire.

EVALET, marchand de vins, rue de la Grande-Friperie, n° 13, connaissait Evanno antérieurement aux événements; je l'ai vu le 12 mai, dit-il, il n'avait pas l'air de s'occuper de ce qui se passait; c'est, du reste, un jeune homme très calme.

L'audience est levée à six heures.

———•———

CINQUIÈME AUDIENCE. — 17 JANVIER.

Interrogatoire des accusés Lombard, Elie, Godard, Palissier, Gérard, Dubourdieu et Dugrospré. — Déposition des témoins.

L'audience est ouverte à midi un quart.

L'appel nominal constate l'absence de plusieurs pairs.

L'accusé LOMBARD interrogé, nie avoir pris part à l'insurrection.

DELNS, témoin, a reçu chez lui, rue du Temple, le 12 mai, l'accusé Lombard, qui était porteur d'un fusil et qui lui demanda une pierre à fusil.

VILMANT reconnaît l'accusé pour l'avoir vu parmi les insurgés à la barricade de la rue Pastourelle.

L'accusé nie.

Duval, boucher, rue Traînée, dépose que le 12 mai, Lombard déposa chez lui un fusil, et disparut immédiatement ; il ne sait pas si le fusil avait fait feu.

M. Nouguier, avocat-général. — Ce fusil avait fait feu des deux coups ; cela a été constaté judiciairement.

Lombard. — Il n'avait pas fait feu. Rue Maubuée, un des individus qui m'avaient forcé de prendre le fusil me dit : Ton fusil n'est pas chargé ? — Je n'ai pas de munitions, lui répondis-je. — J'en ai, dit-il, en déchirant une cartouche et en l'introduisant dans le canon de gauche de mon fusil, et en la chassant au fond avec la baguette du sien. Mais au lieu de mettre la poudre dans le bassinet de gauche, il l'a mit dans le bassinet de droite ; vous voyez donc bien que le fusil n'a pu faire feu.

Plusieurs témoins rendent un compte très-satisfaisant de la moralité de Lombard ; c'est un ouvrier très laborieux, qui gagnait 10 francs par jour et ne s'occupait pas de politique.

Elie interrogé, déclare n'être point allé, ainsi que lui reproche l'accusation, place Ste-Opportune ; il était à la vérité armé d'un fusil, mais il n'a fait feu sur personne. Il ne faisait partie d'aucune société secrète.

M. Vatepain, garde-national, rencontra le 12 mai, du côté de la place du Chevalier-du-Guet, quatre insurgés armés, dont l'un d'eux, Elie, tira sur lui. Le témoin s'élança sur Elie et lui porta un coup de sabre à la figure. Elie tomba, M. Vatepain lui porta plusieurs coups de poing.

Élie. — Le témoin m'a porté des coups de sabre alors que je ne faisais aucune résistance. Je n'ai pas tiré sur des gardes nationaux.

Un avocat. — Je ferai cependant observer à la cour que le témoin avait aussi reconnu, dans l'instruction, un autre accusé qui a cependant été mis hors de cause.

Vatepain. — Il a été mis hors de cause, c'est vrai ; moi je ne demande pas qu'il soit condamné ; mais cela n'empêche pas qu'il était tout aussi coupable que monsieur. (Le témoin désigne Elie. — Murmures.)

Godart est interrogé. Cet accusé fut arrêté le soir du 12 mai, sur le boulevart St-Martin, avec plusieurs individus ; il était porteur d'un pistolet. Il avait, dit-il, cette arme pour sa sûreté personnelle ; il ne sort jamais sans être armé, parce qu'il rentre toujours tard. Il nie s'être battu, mais il déclare que, sans en avoir l'intention, s'il s'était trouvé en face d'une de ces maisons où tant de cruautés ont été commises, il se serait incontestablement battu.

Menard a arrêté l'accusé, sur lequel on a trouvé un pistolet chargé, des balles et de la poudre.

Plusieurs dépositions insignifiantes sont ensuite reçues par la cour.

L'accusé Patissier déclare n'avoir pris aucune part aux actes reprochés aux insurgés du 12 mai. Il avait trouvé le fusil qui a été saisi chez lui, et que la seule faute qu'il a commise a été de cacher cette arme dans la paillasse lorsqu'on est venu l'arrêter. Mais, ajoute-t-il, c'est moi-même qui l'ai remise à ceux qui sont venus m'arrêter, ce que je n'aurais pas fait si j'avais été coupable. Je tenais ce fusil des insurgés, qui m'avaient forcé de le prendre.

Deux témoins déclarent que lorsque cet accusé fut arrêté, il avait les mains noircies par la poudre.

Bodet, horloger, rue Vieille-du-Temple, 24, se trouvait chez le portier au moment où Patissier rentrait armé d'un fusil. Patissier dit : je viens de tirer sur les soldats, et je me propose de tirer encore sur eux.

Patissier nie ce propos.

Plusieurs autres témoins témoignent de faits sans importance.

On interroge l'accusé Gérard.

Cet accusé déclare qu'il a travaillé chez lui jusqu'à quatre heures du soir ; il sortit à cette heure avec un de ses camarades, et s'en fut chez sa mère, rue Grenétat. J'entrai, dit-il, chez un marchand de vins, et, lorsque j'en sortis, je me trouvai dans un groupe d'insurgés, qui me donnèrent un fusil et me dirent de les suivre ; je leur demandai pourquoi, ils me répondirent : pour faire comme nous. Ils m'entraînèrent alors à la barricade Saint-Magloire. L'accusation dit que j'ai tiré deux coups, elle se trompe ; je n'avais que deux cartouches ; et lorsque j'ai été arrêté, il a été constaté qu'il y avait encore une charge dans mon fusil. Je n'ai tiré qu'un coup et encore c'était en fuyant.

Un témoin déclare que Gérard lui aurait dit qu'il avait caché un fusil dans la plaine, hors Paris, après les événements.

L'audience est suspendue pendant un quart-d'heure.

A la reprise de l'audience, la cour entend quelques témoins qui déposent sur la bonne moralité de plusieurs accusés.

L'accusé Dubourdieu, arrêté le 13 mai, rue Croix-des-Petits-Champs. Il alla seul, le 12 mai, voir ce qui se passait rue St-Denis. Il rencontra un rassemblement qui le força de prendre des munitions et de marcher ; mais il le quitta cinq minutes après, et arriva chez lui à 11 heures du soir, après avoir fait un long circuit. Les témoins qui ont dit l'avoir vu à l'attaque du poste du marché St-Jean, un marteau à la main, se sont trompés.

Le sergent qui commandait au poste du marché St-Jean, rend compte de l'attaque de ce poste. Il ne reconnaît pas l'accusé, bien que dans l'instruction il ait déclaré le reconnaître pour celui qui aurait sommé le chef du poste de rendre ses armes. Pressé de questions par M. le président, le témoin persiste à ne reconnaître personne.

Girard, autre sergent du même poste, fait une déclaration analogue à la précédente. Il ne reconnaît personne.

L'accusé Dugrospré a été arrêté rue Beaubourg. Il explique qu'il sortait de chez lui et se rendait chez un de ses amis.

D. Quand on vous a arrêté vous criiez *Vive la république!. A bas les ministres !* — R. Cela est faux. Comment voulez-vous que j'aie crié à bas les ministres, puisqu'il n'y avait pas encore de ministres à cette époque. (On rit.)

D. Vous étiez porteur de pistolets, de cartouches et de capsules? — R. Cela est vrai.

D. Votre pistolet était chargé? — R. Il y avait plus de quinze jours. C'est un pistolet de tir dont je me servais tous les dimanches à la campagne.

D. N'avez-vous pas été lié avec le neveu de Pépin? — R. Je l'avoue et m'en fais honneur.

L'accusé nie avoir pris part aux événements.

L'audience est levée à cinq heures et demie.

SIXIÈME AUDIENCE. — 10 JANVIER.

Interrogatoire des accusés Druy, Herbulet, Vallière, Buisson et Bouvrand. — Déposition des témoins.

L'audience est ouverte à midi et demi.

La plupart des accusés sont aujourd'hui revêtus de blouses bleues.

La cour continue l'audition des témoins relatifs à Dugrospré.

Plusieurs témoins établissent que Dugrospré n'a pu prendre part à l'insurrection.

L'accusé Daur est interrogé. Il est vêtu comme il l'était le 12 mai, d'une redingote bleue percée au coude droit.

Cet accusé a travaillé jusqu'à six heures du soir, le 12 mai ; il paya les ouvriers, et sortit pour avertir son patron qu'il eût à fermer la boutique, parce qu'il y avait du bruit. On me signale, ajoute-t-il, comme ayant été blessé à la barricade de la rue Tiquetonne, on a tort ; si j'avais voulu me battre, ça n'aurait pas été devant ma porte, en présence de ma femme, toujours malade, et de mes enfants. Qu'on interroge d'ailleurs mes voisins, on saura la vérité.

D. Cependant vous avez reçu une balle dans le bras, et il résulte de l'instruction que vous l'avez reçue au moment où vous couchiez les troupes en joue ? — R. Je n'ai pu coucher les troupes en joue, puisque je n'étais pas rue Tiquetonne, et que d'ailleurs je n'étais pas armé ; j'ai été blessé au coin de la rue Thévenot ou de la rue Saint-Sauveur ; je rentrais chez moi. Si j'avais visé ceux qui m'ont blessé, j'aurais été blessé au bras gauche tandis que jai été blessé au bras droit, non point à l'avant-bras, non point à l'épaule ni sur le devant du bras, mais sur le derrière du bras. J'avais le bras pendant lorsque je fus atteint. Si j'avais été blessé rue Tiquetonne, personne ne m'aurait vu blessé, car je n'avais qu'à rentrer chez moi. Je vous le dis, Messieurs, je suis ici depuis huit mois pour n'avoir rien fait.

D. Avez-vous fait partie de la Société des Droits de l'Homme ? — R. Oui, Monsieur, depuis la fin de 1832 jusqu'au 13 mars 1833. Mais depuis cette époque, je n'ai plus fait partie d'aucune association politique, ni chantante, ni autre ; je suis père de famille, ma femme est toujours malade, et je ne me suis plus mêlé dès lors que de mes affaires particulières. Dans l'instruction, on m'a demandé si j'étais républicain ; je répondis : Alors même que je le serais, ce ne serait pas une preuve que je me serais battu, et M. Mérilhou, rappelant cette réponse dans son rapport, en a tiré la conséquence que j'étais républicain et que j'avais dû prendre part à l'insurrection ; eh bien, je répète que je ne suis sur ces bancs qu'à cause de cette réponse.

Boyer, capitaine de la garde nationale, employé au ministère des finances, assistait à l'attaque de la barricade de la rue Tiquetonne. Un individu tira sur lui. Je ripostai, dit-il, et je crus l'avoir blessé à la tête ou au bras droit. Cependant, en le voyant sauver, je m'aperçus que je ne l'avais blessé qu'au bras. J'en fus étonné, car j'ai assez l'habitude de la chasse, et lorsque j'eus tiré sur l'individu, je crus l'avoir tué. (Mouvement prolongé.)

M. Séguier, l'un de MM. les pairs. — Nous n'entendons rien

du tout. C'est peut-être que la salle n'est pas construite conformément aux lois de l'acoustique. Nous prions M. le président de faire répéter par M. de la Chauvinière, qui s'en acquitte avec une grande intelligence. (Approbation.)

Le témoin Boyer ne reconnaît pas Druy à la figure.

Plusieurs témoins font des dépositions insignifiantes.

La dame Brugnot, limonadière, rue d'Amboise, a vu chez elle, le 12 mai, vers cinq heures, l'accusé Druy, et déclare que celui-ci lui a dit : On se bat, mais ça m'est égal, je ne m'en mêle pas; je vais à la pratique.

Les accusés Herbulet et Vallière nient avoir pris part à l'insurrection. Les insurgés ont voulu les contraindre à les suivre, mais ils sont parvenus à se sauver.

Vallière dit qu'il n'a jamais manié d'armes que pour aller à la chasse aux Bédouins.

On entend les témoins relatifs à ces deux accusés. Leurs dépositions ne révèlent aucun fait nouveau.

L'audience est suspendue pendant un quart-d'heure.

On interroge Buisson à la reprise de l'audience.

Comme ses coaccusés, Buisson affirme n'avoir pris aucune part active aux troubles des 12 et 13 mai. Il fut forcé par des insurgés de prendre un fusil et de les suivre.

L'accusé Bouvrand oppose les mêmes dénégations.

M⁰ Delamarre, défenseur de Bouvrand. — Avant que la cour entende les témoins relatifs à Buisson et à Bouvrand, je lui ferai observer que M. le procureur-général n'a pas cru devoir requérir la mise en accusation de mon client; en effet, il a terminé son réquisitoire en déclarant s'en rapporter, à son égard, à la prudence de la cour.

Les témoins sont entendus.

Un témoin reconnaît Buisson pour l'avoir vu armé d'un fusil parmi les insurgés, rue Neuve-Ménilmontant.

Forsan reconnaît Bouvrand et Buisson pour les avoir vus avec les insurgés du côté de la rue du Temple.

Les autres dépositions sont peu importantes.

L'audience est levée à cinq heures et demie.

SEPTIEME AUDIENCE. — 20 JANVIER.

Interpellation à Blanqui. — Déposition des témoins. — Réquisitoire de MM. Franck-Carré, procureur-général, Boucly et Nouguier, avocats-généraux.

L'audience est ouverte à midi et demi.

Plusieurs témoins sont entendus ; leurs dépositions sont insignifiantes.

M. LE PRÉSIDENT interroge Blanqui. — N'avez-vous pas fait graver un cachet sur lequel se trouvent ces mots : *République française. Comité central exécutif. Paris.*

BLANQUI. — Je n'ai rien à répondre.

M. LE PRÉSIDENT. — N'avez-vous pas caché ce cachet dans le jardin de la maison de campagne que vous habitiez à Gency ?

BLANQUI ne répond pas.

M. FRANCK-CARRÉ, procureur-général. — Nous avons reçu des procès-verbaux dans lesquels nous lisons qu'un cultivateur, le nommé Maillard, travaillant dans la maison de campagne de l'accusé, y a trouvé divers objets, entre autres une tasse dans laquelle se trouvait le cachet dont on vient de parler. Je prie M. le président de vouloir bien représenter ces objets à Blanqui. Le cultivateur qui a fait cette découverte est présent ; je désirerais que M. le président ordonnât qu'il fût entendu en vertu de son pouvoir discrétionnaire.

M. CATCHY, l'un des greffiers, donne lecture des procès-verbaux des autorités de Gency, constatant la découverte du cachet et son envoi au parquet.

M. LE PRÉSIDENT à Blanqui. — Avez-vous quelque chose à dire ?

BLANQUI. — Oh rien, Monsieur.

Le témoin MAILLIARD est entendu en vertu du pouvoir discrétionnaire du président. Cet ouvrier qui a été pendant un an au service de Blanqui, rend compte de la trouvaille du cachet.

M. LE PRÉSIDENT adresse à Blanqui plusieurs questions sur l'inscription du cachet.

BLANQUI. — Je n'ai qu'une observation à faire, c'est que pendant tout le cours des débats il n'a jamais été question que de *conseil* et non de *comité* exécutif.

M. LE PRÉSIDENT. — La parole est à M. le procureur-général.

M. FRANCK-CARRÉ, procureur-général, commence par quelques considérations générales sur les tentatives de ce qu'il appelle les factions. Il appelle ensuite l'anathème judiciaire sur les accusés actuels, dont le but, dit-il, était le renversement de nos institutions sociales et politiques, et qui, comme moyen d'arriver à ce but, avaient choisi le pillage et l'assassinat. M. Franck-Carré proclame les événements des 12 et 13 mai comme le plus odieux attentat qu'eût encore osé commettre le parti républicain.

Cet attentat, continue le ministère public, a été un guet-à-pens organisé dans d'obscurs conciliabules, et qui s'est manifesté tout-à-coup par des assassinats aussi odieusement calculés qu'ils ont été froidement conçus. Ça été, ajoute-t-il, une bande qui a pillé et assassiné.

L'application du crime, Messieurs les pairs, est dans les antécédens des accusés, de ces hommes qui prennent le rêve de leur vile ambition pour une réalité qu'ils veulent atteindre; de ces hommes qui, irrités d'une situation personnelle qu'ils doivent à l'ignorance, à la paresse, prennent les armes pour renverser toutes les institutions. Ce crime n'a été qu'une suite de vols à escalade, et d'assassinats.

M. le procureur-général, après avoir discuté les faits généraux, discute les faits relatifs à Blanqui, Quignot, Quarré, Charles et Mouline. Il insiste avec force sur l'accusation à l'égard de chacun de ces quatre accusés, mais surtout à l'égard de Blanqui, qu'il considère comme ayant été l'organisateur, le directeur, le chef enfin de l'insurrection, et dont Barbès, dit-il, n'était que le lieutenant. Il requiert formellement contre Blanqui la peine prononcée par la Cour contre Barbès à la suite des premiers débats auxquels ont donné lieu les journées des 12 et 13 mai.

M. Franck-Carré termine ainsi : Plus que jamais, Messieurs les pairs, la sévérité de la justice est devenue nécessaire. Chaque jour nous apprend que les ennemis du repos public s'efforcent de nous préparer encore de nouveaux troubles. L'arrêt que vous avez rendu contre Barbès est la loi que vous devez suivre à l'égard de Blanqui. (Sensation prolongée.) Une atténuation de peine serait, Messieurs les pairs, accueillie comme une négation de cette salutaire loi pénale que vous avez naguère appliquée, et qui est la plus solide garantie de la sécurité publique.

MM. BOUCLY et NOUGUIER, avocats généraux, soutiennent l'accusation à l'égard de tous les autres accusés.

L'audience est levée à six heures moins un quart.

HUITIÈME AUDIENCE.

Interpellation à Blanqui et à son défenseur. — Discours de M⸱ Jules Favre. — Défense des accusés Quignot, Quarré, Charles, Mouline, Bonnefonds, Focillon et Piéfort.

Les tribunes publiques sont encombrées long-temps avant l'ouverture de l'audience, et on remarque qu'un grand nombre de personnes, munies de billets, et qui n'ont pu trouver de places, stationnent dans les couloirs. C'est à l'espoir d'entendre M⸱ Dupont, défenseur de Blanqui, que l'on attribue cet empressement du public.

L'audience est ouverte à midi et demi.

M. LE PRÉSIDENT à M⸱ Dupont. — Défenseur de Blanqui vous avez la parole.

M⸱ DUPONT. — Monsieur le président, je n'ai pas l'intention de parler.

M. LE PRÉSIDENT. — Accusé Blanqui, avez vous quelque chose à dire?

BLANQUI. — Rien, Monsieur.

M. LE PRÉSIDENT, s'adressant à la cour. — Le défenseur de Blanqui et Blanqui lui-même ont renoncé à la parole.

M⸱ GRÉVY présente avec beaucoup de convenance et de talent la défense de Quignot.

M⸱ LAURAC défend ensuite Quarré.

M⸱ JULES FAVRE, défenseur de l'accusé Charles, prend la parole en ces termes :

Messieurs les pairs,

Mon client, selon l'accusation, aurait été un de ceux qui ont concerté, préparé l'insurrection. Il faut donc qu'on établisse contre lui, non par des présomptions, mais par des preuves irréfragables et certaines, une coopération directe et active. Cette démonstration a-t-elle été faite? Messieurs, je ne crains pas de répondre : Non, elle n'a pas été faite.

Toute la logique de M. le procureur-général, ordinairement si tranchante et si nette, a failli quand elle a touché à l'accusé que je défends. Ce n'était pas à des sympathies plus ou moins vives en faveur de tel ou tel homme de parti qu'il fallait vous attacher pour obtenir une condamnation, mais à des faits qui dussent entraîner une conviction. Or en avez-vous rapporté un seul qui fût de nature à faire cesser le doute? Je le demande à la cour. Vous n'avez même pas révélé dans le cours de ces débats quelques-uns de ces indices qui, éclairés par la magie de l'éloquence, peuvent jeter du doute en faveur de l'accusation dans la conscience des juges. Vous vous êtes contenté d'affirmer, et j'ai le droit de vous dire, moi, et de vous dire hautement : Il ne suffit pas d'affirmer, il faut aussi argumenter. (Mouvement.)

Votre réquisitoire a été une flèche acérée qui a volé directement à son but, sans s'arrêter à ce qui est à droite, à ce qui est à gauche, et à laquelle je reprocherai d'avoir passé quelquefois à côté de la vérité. (Mouvement.)

Je vais, moi, essayer de rétablir cette vérité que, dans l'ardeur de votre zèle, vous avez involontairement dénaturée. Je n'essaierai pas d'atteindre ce but avec des hypothèses, mais avec des faits, avec des preuves, avec une discussion calme et sévère.

Mᵉ Jules Favre aborde ici les faits relatifs à son client, et que rien n'établit que ce dernier fût un des chefs de l'insurrection, encore moins qu'il y ait pris aucune part. L'accusation a bien cherché à établir qu'il avait donné asile à quelques-uns des chefs ; mais qu'il leur était affilié, elle ne l'a pas fait, elle n'a pu prouver que Charles fît partie de ces sociétés secrètes, qu'il connût leurs secrets, leurs projets.

Le défenseur établit ensuite que si Charles est sur les bancs de l'accusation, c'est parce qu'il a été victime de son bon cœur; c'est parce qu'il a eu pitié de femmes et d'enfans ; il a rendu service? voilà, s'écrie Mᵉ Fabre, voilà dans quelle série de faits vous avez trouvé la preuve de sa culpabilité. (Sensation.)

Une seule déposition, continue le défenseur, a été faite contre Charles : c'est celle de Pons. Mais, Messieurs, cette déposition n'est pas un témoignage qu'on puisse invoquer, et cela est si vrai que Pons lui-même n'a pas osé venir soutenir son mensonge dans cette enceinte. Rappelez-vous, Messieurs, Pons faisait partie de la société secrète. Pons avait prêté serment aux principes contenus dans le formulaire; il avait juré aussi de ne pas trahir ceux auxquels il était affilié. Je comprendrais encore qu'il eût abjuré les principes du formulaire, mais qu'il ait dû trahir le serment qu'il avait fait de ne pas révéler ses complices, voilà ce que je ne puis admettre! et cependant il les a vendus! et cependant il a lâchement trahi son serment pour avoir sa liberté ! Oh! Messieurs les pairs, je ne puis croire que vous receviez avec confiance le serment qu'un pareil homme viendrait prêter devant vous; le serment qu'il viendrait prêter devant la justice trahirait celui qu'il avait prêté d'abord, et je le demande, qui voudrait croire au serment d'un parjure? (Mouvement.) Non, Messieurs, vous ne croirez pas ce témoin, cet homme impur, qui n'était pas libre, qui était détenu lorsque, dans le silence du cabinet du juge d'instruction, il fit la déclaration qu'on invoque contre mon client. Et maintenant, Messieurs, que cet homme est libre, qui vous dit que, s'il comparaissait devant vous, s'il était confronté avec l'accusé que sa déclaration charge, ses paroles ne viendraient pas aujourd'hui proclamer l'innocence de Charles?

Charles est un homme généreux auquel l'accusation reproche encore d'avoir caché chez lui Martin Bernard. En vérité, Messieurs, un pareil reproche me rappelle la loi des suspects, dont plusieurs d'entre vous furent victimes, et je vous le déclare, moi, si j'étais poursuivi par la justice politique, si j'étais poursuivi par le bourreau, j'irais avec confiance et au hasard, frapper à la porte de la maison de quelqu'un d'entre vous, et je m'y reposerais sans crainte d'être livré au bourreau par celui qui m'aurait donné l'hospitalité. Eh quoi! Messieurs, on ferait un crime à mon client d'un acte que tout le monde doit comprendre et dont tout le monde s'honorerait! (Mouvement.)

Vous lui reprochez, Monsieur le procureur-général, les secours qu'il a donnés à de pauvres femmes de détenus politiques; mais puisque vous tenez ces secours à crime, écrivez dans la loi qu'il sera défendu d'avoir des entrailles (sensation), et que les femmes et les petits enfants des détenus politiques doivent mourir de faim et de misère! Mais je vous le dis, moi, si vous faites écrire cela dans la loi, votre loi sera violée, car elle sera contraire à la conscience et à la morale. (Sensation prolongée.)

M° Favre rappelle qu'après l'assassinat du duc de Berry, il fut rendu une loi qui laissait la liberté individuelle à la discrétion du pouvoir ministériel; la presse libérale ne se borna pas à jeter le cri d'alarme, elle organisa alors un comité chargé de répartir entre les détenus politiques le produit des souscriptions. Des poursuites contre cette association furent dirigées alors par le sous-secrétaire d'état au ministère de la justice, qui est aujourd'hui l'un des vices-présidents de cette chambre. (Les regards se portent sur M. Portalis.) Les hommes les plus éminents faisaient partie de ce comité; entre autres, on y comptait MM. Odilon Barrot et Mérilhou. (M. Mérilhou reste immobile sur son fauteuil.)

Messieurs les pairs, ajoute M° Favre, les hommes peuvent changer ; mais ce qui ne change pas, c'est la justice, qu'on ne parviendra pas à vaincre devant vous ; ce qui ne change pas, c'est la morale, qui triomphera, quoi qu'on fasse, parce que vous comprenez que le triomphe de la morale et de la justice importe au salut de la patrie.

Vous acquitterez Charles, Messieurs, et vous serez justes, car on est toujours juste quand on est humain. Rappelez-le vous bien, Messieurs les pairs : si tous les temples étaient renversés parmi les hommes, il faudrait encore conserver celui de la mansuétude. (Mouvement prolongé.)

M. LE PRÉSIDENT élevant la voix. — J'ai une observation à faire au défenseur : je reconnais que ses paroles ont été convenables ; mais il a émis sur le serment une doctrine que je ne puis laisser passer sous silence. Il a placé le serment qui serait prêté entre les complices d'un même crime, au niveau du serment qui doit être prêté devant la loi. Ce dernier est le seul sacré aux yeux de la vérité et de la justice, le seul dont la violation déshonore.

M⁰ FAVRE. — Je remercie M. le président de ce que son observation a de bienveillant ; je le prie de croire que je n'ai rien voulu dire qui fût inconvenant ou subversif. Mais je persiste à penser, et c'est l'expression intime de ma conscience, que le membre des sociétés secrètes qui a prêté serment de ne pas révéler les noms de ses co-accusés commet une mauvaise action en y manquant. Je ne sache pas une personne ici qui voulût honorer de son estime celui qui, pour sauver sa tête, livrerait au bourreau celle de ses prétendus complices.

M. LE PRÉSIDENT. — Quand un individu, annexé à d'autres individus, paraît devant la justice, quand il est sommé par la justice de dire la vérité, de déclarer sur ses complices toute la vérité, certes nul dans le monde n'a le droit de mépriser cet homme s'il obéit à la justice et s'il dit une vérité qui est nécessaire pour la conservation de l'ordre public et la sécurité de la société.

L'audience est suspendue.

Pendant cette suspension, qui dure un quart-d'heure, tous les avocats présents entourent et félicitent M⁰ Jules Favre, dont la brillante improvisation a constamment captivé l'attention de la cour.

A la reprise de l'audience, la cour entend M⁰ Paulmier pour Moulines, M⁰ Derode pour Bonnefonds, et M⁰ Dubréna pour Focillon et Piéfort.

L'audience est levée à cinq heures trois quarts.

NEUVIÈME AUDIENCE. — 22 JANVIER.

Défense des accusés Espinousse, Hendrick, Lombard, Simon, Hubert, Dupouy, Béasse et Petremann.

L'audience est ouverte à midi un quart.

Mᵉ NOGENT-ST-LAURENT, défenseur d'Espinousse, s'exprime ainsi :

Messieurs les pairs,

La défense d'Espinousse doit être brève ; elle le sera. Nous sommes loin aujourd'hui de ces vingt-quatre heures de fièvre et d'insurrection. Un premier procès a en quelque sorte épuisé l'intérêt et refroidi les émotions qui rejaillissent de l'émeute sur le débat, lorsque l'une et l'autre se suivent de près. Oui, tout est calme, la tranquillité publique n'exige plus rien ; il ne reste que quelques faits à apprécier, et cette arrière-garde d'accusés sur le sort desquels vous avez à prononcer. Aussi, nous le croyons, ce n'est plus le moment des plaidoiries passionnées, et la concision est un devoir pour la défense.

Après avoir discuté toutes les charges de l'accusation qui pèse sur son client, l'avocat termine ainsi :

« Quand l'émeute a bouleversé la capitale, quand elle est encore frémissante au coin des rues, et que, quelques jours après, vous vous constituez en cour de justice, oh! je conçois qu'alors vous puissiez éprouver la nécessité d'un exemple solennel, d'un arrêt sévère... Et, dans votre arrêt, il y a deux choses : la répression légale du fait d'attentat; puis au-delà, il y a l'effet préventif, la consécration d'une loi forte et vigilante qui se jette au devant de l'effervescence future des passions politiques... Vous prononcez pour le présent... et vous prononcez encore pour l'avenir.

« Mais, aujourd'hui, huit mois d'oubli et de sécurité ont passé sur cette journée d'insurrection. Dans l'esprit même de ceux que l'insurrection avait le plus indignés, il ne reste que de l'indifférence pour des événemens qui déjà sont loin de nous, et il n'est pas nécessaire de rétroagir par l'action énergique sur les émotions refroidies de l'émeute. Vous ne serez donc point, Messieurs les pairs, prodigues de sévérités judiciaires.

Mᵉ DESGRANGES, avocat d'Hendrick, ne pense pas, ainsi que le fait M. le procureur-général, que l'insurrection des 12 et 13 mai n'avait d'autre but que le pillage et l'assassinat, d'autres bases que l'ambition et la cupidité. Il est, dit le défenseur, un principe que l'on peut entraver dans sa marche, mais qui résiste à toutes les lois humaines : le principe du progrès. Eh bien ! c'est ce principe qui a mis les armes aux mains des insurgés.

Examinant ensuite les faits reprochés à Hendrick, M⁰ Desgranges s'attache à en détruire la criminalité.

« Oui, Messieurs, dit-il, en terminant, quand vous délibérerez, vous n'écouterez que la voix du cœur et de la conscience. Vous vous rappellerez que vous êtes à la fois des hommes politiques et des jurés... Juges politiques, vous prendrez en considération et les hommes qui paraissent devant vous et les circonstances par lesquelles ils ont été entraînés et même leurs opinions politiques qui, partout ailleurs, seraient une aggravation du délit, mais qui dans cette enceinte où l'on juge de haut, viendront au contraire comme moyen d'excuse.

M⁰ˢ Montadier et Desmarest présentent la défense des accusés Lombard, Simon et Hubert.

M⁰ Adrien Benoît est ensuite entendu pour Dupouy, et M⁰ Mathieu pour Huart.

M⁰ Genteur. avocat de Béasse, termine ainsi après avoir combattu les charges invoquées par l'accusation contre son client :

Béasse est le brave et honnête jeune homme que vous savez, ouvrier laborieux, rangé, et par conséquent étranger à toute idée de désordre. Modèle de piété filiale, il nourrissait son vieux père infirme du produit de son travail. Du reste, étranger aux doctrines et aux conciliabules des sociétés secrètes, il poursuivait un but plus paisible que celui des conspirations. Vous savez, Messieurs les pai s, qu'il voulait se marier : c'était là toute sa politique ; et encore dois-je dire qu'il n'en avait plus besoin à l'époque des 12 et 14 mai. En effet, un arrangement très amiable était intervenu entre les parties ; et pour célébrer le mariage, les fiancés attendaient avec impatience l'arrivée de quelques pièces nécessaires et l'expiration des délais imposés par la loi.

L'accusation a retourné contre lui les aveux que lui dictait une conscience sûre d'elle-même ; elle les a divisés par une violation manifeste des principes les plus élémentaires du droit, et au nom de présomptions imaginaires, elle a demandé l'application de la loi pénale. Ces présomptions n'ont pas résisté aux lumières de l'audience.

Il est démontré, maintenant, que Béasse est une victime de l'attentat du 12 mai, et non un complice. Cet ouvrier si laborieux, ce jeune homme si dévoué à la vieillesse de son père, cet heureux fiancé échappait aux préoccupations politiques, et n'a pu se jeter étourdiment dans l'émeute. Douloureusement arraché à son travail, à sa famille, à ses espérances de bonheur, il a droit, Messieurs les pairs, à toutes vos sympathies, et l'arrêt qui lui rendra la liberté sera une bonne action en même temps qu'un acte de justice.

La cour entend encore M⁵ Delamarre, défenseur de Petremann.

L'audience est levée à cinq et demie.

DIXIEME AUDIENCE. — 23 JANVIER.

Suite de la défense des accusés.

M⁵ Thomas, avocat de Bardou, représente son client comme une des nombreuses victimes de nos dissensions politiques. Il considère sa détention préventive de huit mois comme un grand malheur, comme une grande injustice, et il espère un acquittement.

M⁵ Hello défend ensuite Evanno, et M⁵ Portes l'accusé Elie.

M⁵ Mandheux, après avoir repoussé les faits reprochés à Vallière, révèle à la cour une circonstance qui témoigne en faveur du caractère charitable et généreux de son client. Un jour, dit-il, le feu prit aux écuries de M. le chancelier ; le courage et le dévoûment de Vallière contribuèrent puissamment à arrêter le progrès de l'incendie. (Sensation.)

M⁵⁵ Leroger, Rodrigues et Moreau présentent ensuite et successivement la défense des accusés Herbulet, Druy et Lehéricy.

L'audience est levée à six heures.

ONZIEME AUDIENCE. — 24 JANVIER.

Suite de la défense des accusés. — Réquisitions de M. le procureur-général.—Allocution de M. l'abbé Quarré.—Clôture des Débats.

L'audience est ouverte à midi un quart.

Les plaidoiries continuent.

M⁵ Blot-Lequesne, avocat de Godart, termine ainsi qu'il suit, après avoir rapidement discuté les charges qui pèsent sur son client.

Vous nous accusez, dit-il, d'ébranler les deux colonnes de la société, la propriété et le pouvoir. Où en sont donc parmi nous la société et le pouvoir?

' La propriété, mais des orateurs dans leurs harangues, des philosophes dans leurs écrits, des membres du conseil-d'état dans leurs prédications saint-simonniennes; que dis-je, des voix illustres dont cette enceinte est veuve, des pairs de France dans leurs dernières publications, n'ont-ils pas crié à qui a voulu les entendre, que le bien-être social était inéquitablement réparti; que la propriété était mal divisée: qu'il fallait que l'équilibre se rétablît. Ces doctrines que vous appelez subversives, elles circulent dans la société; elles circulent de l'aveu du ministère public; elles circulent sous la protection du ministère public! Ce sont des sources empoisonnées, dites-vous, et vous les laissez se répandre, et lorsque des enfans sans expérience se sont abreuvés à leurs eaux, c'est contre eux que vous venez fulminer vos réquisitoires! c'est leurs têtes que vous venez demander à la justice!

Le pouvoir jouit-il de plus de stabilité que la propriété? Là encore, pour emprunter à Bossuet son langage, là encore nous marchons sur des terres sans consistance. Qui s'entend aujourd'hui sur l'origine du pouvoir, sur sa nature, sur ses caractères? Les uns le font descendre du ciel, et on leur crie qu'ils légitiment tous les despotismes; les autres le puisent dans la conscience populaire et on leur dit qu'ils placent une moitié du genre humain sous la tyrannie convulsive de l'autre. Ceux là enfin font appel à je ne sais quelle notion métaphysique, et on leur crie encore que leur justice absolue a besoin d'intermédiaires et d'organes. Ainsi les deux pôles de la sphère sociale sont ébranlés, et par d'autres mains que les nôtres. Et dans ce chaos de doctrines contraires, d'élémens hostiles, de principes discordants, vous êtes surpris qu'une conviction ardente se produise! Et dans cette conflagration des hommes et des choses, vous êtes surpris qu'une forme sociale ait été se heurter contre une autre forme sociale! Quand on a semé du vent, est-il donc si extraordinaire de moisonner des tempêtes?

Un empereur romain, dit le défenseur en terminant, avait vu renverser ses statues dans une tempête populaire; les courtisans le pressaient de se venger et de punir. Mais l'empereur passant la main sur son front, s'écria : « Je ne suis pas blessé. » Messieurs les pairs, si la société telle qu'elle s'organise sous l'action de la Providence, si cette société pouvait apparaître dans cette enceinte, pensez-vous qu'elle trouve un autre langage? Je ne suis pas blessée, vous dirait-elle, nos assises définitives sont jetées ; l'effort de quelques téméraires ne les ont pas ébranlées. Soyez donc généreux comme le fort, et que la justice la plus élevée du pays en soit aussi la plus miséricordieuse.

Mes GRESSIER et GRELLET présentent la défense, le premier, de Patissier, et le second, de Gérard.

Me COMTE, avocat de Dubourdieu, prend ensuite la parole. Il soutient que cet accusé n'a pas été reconnu par les témoins entendus à l'audience ; ses juges ne peuvent, sans violer le principe de la justice, demander à l'instruction les élémens qui doivent former leur conviction. Dans une discussion rapide, le défenseur passe en revue toutes les charges qui pèsent sur son client. Arrivant aux écrits trouvés au domicile de Dubourdieu, Me Comte s'écrie : oui, des livres ont été trouvés. Ce fait a de l'importance ; l'ouvrier pense, oui, Messieurs, il pense ; mais ses souffrances lui inspirent une haine qui peut compromettre l'avenir, et enfanter de nouveaux orages. Les souffrances du peuple, voilà la plaie sociale. Juges législateurs, vous pouvez empêcher le mal, cette mission vous appartient. La mienne est remplie, Messieurs, jugez comme des hommes élevés au-dessus des passions vulgaires ; jugez en magistrats qui n'avez ni parti à servir, ni parti à venger, vous acquitterez Dubourdieu, et en l'acquittant vous accomplirez un acte de justice, un *devoir*.

Me HENERDINGER, avocat de Dugrospré. — Messieurs, Dugrospré se trouve sous le poids d'une accusation sur laquelle la défense attendait avec impatience le moment de s'expliquer. Depuis huit mois, l'accusation se fait entendre, et agit sur vos esprits par tous les moyens de publicité, sans que la défense ait encore pu élever sa voix pour détruire les erreurs, les inexactitudes nombreuses auxquelles on s'est laissé aller trop légèrement. On dirait que le ministère public a compté sur les résultats de ce système, qui a pu accréditer les imputations les plus hasardées ; car le langage qu'il vous a tenu, on ne l'adresse qu'à des hommes déjà convaincus. Et cependant rien n'est moins fondé que l'accusation élevée contre l'accusé : l'organe du ministère public n'a pu s'empêcher de le reconnaître. Il vous a déclaré en effet que, si des cartouches n'avaient pas été trouvées en la possession de Dugrospré, celui-ci ne serait pas au nombre des accusés.

Ici l'avocat s'attache à justifier son client et à démontrer que les assertions de l'accusation ne sont pas des preuves, et que par conséquent, aucune des charges qui pèsent sur Dugrospré ne doit être considérée comme sérieuse, puis il ajoute :

Comment donc l'accusation peut-elle imputer à Dugrospré une participation quelconque aux sanglans événemens qui se sont consommés le 12 mai? Dugrospré a été condamné, il y a six ans, à trois mois de prison, pour avoir fait partie de la Société des Droits de l'Homme ; voilà sur quelle base fragile on fonde des inculpations d'une si haute gravité. Oui, il a été condamné pour association illicite ; mais depuis cet avertissement, qui lui a été profitable, il est resté étranger à toute association politique. Mais si l'accusé a été, en effet, voué à des opinions si constamment violentes, il eût dû se rencontrer dans l'un de ces événemens désastreux qui se sont succédé depuis 1830 ; et cependant on n'a jamais eu à lui reprocher aucune participation de ce genre. Ses opinions, il les a concentrées dans sa conscience, sans jamais les manifester par aucun acte, ni avant ni depuis l'avertissement que la justice lui a donné.

Il faut y prendre garde, Messieurs, si par cela seul qu'un homme a été une fois dans sa vie l'objet d'une sévérité judiciaire, pour s'être abandonné à une de ces illusions que M. le procureur-général lui-même a trouvées si excusables, il doit être enchaîné fatalement aux insurrections qui peuvent éclater, on commet un acte éminemment impolitique; car vous poussez à ne prendre conseil que de son désespoir celui qui ne peut plus trouver de refuge dans son innocence.

Messieurs, lorsque l'émeute envahit nos rues, la chaleur et l'entraînement de la répression peuvent faire tomber sous le même coup et le coupable et celui qui ne l'est point. C'est là une des conséquences de cette fatale nécessité contre laquelle il n'est pas au pouvoir des hommes de lutter.

Mais quand le calme est partout rétabli ; quand la paix règne dans le pays, et que, sous sa bienfaisante influence, le jour de la justice est arrivé, il n'est plus permis de réprimer sans discernement. C'est ce que l'accusation méconnaît pour Dugrospré. A son égard, on a employé, je ne crains pas de le dire, des arguments de champ-de-bataille. Mais nous avons la conviction que vous ne céderez pas à ces dangereux entraînements. Votre haute sagesse ne vous suggère que des sentiments d'équité, de justice, d'humanité, et Dugrospré à raison d'y placer toutes ses espérances.

La cour entend ensuite Mes JOLY et CADET DE VAUX pour *les accusés* Buisson et Bouvrand.

Pendant la plaidoirie des avocats, on distribue à MM. les pairs une brochure rédigée par M° Paulmier en faveur de l'accusé Mouline, sur la culpabilité duquel le ministère publique a surtout insisté.

Cette note résume en peu de mots les principaux moyens de la défense de Mouline. Mouline, dit l'auteur de la note, est un jeune homme sans antécédents politiques ; tous les témoignages recueillis par l'instruction établissent qu'il s'occupait uniquement de son état. La liaison de Mouline avec Maréchal, tué à la barricade Grenétat, ne peut en aucune manière faire préjuger les opinions du prévenu. Ce n'était pas une liaison politique, mais une liaison de collége ; elle s'était formée à l'école d'Angers.

On accuse Mouline d'avoir pris part à l'émeute et d'avoir écrit à Maréchal pour lui annoncer que des émeutes allaient avoir lieu à Paris, et l'engager à revenir. Quant à la première partie de l'accusation, six témoins établissent que, le 12, il est sorti de son hôtel à quatre heures, qu'il est allé au Jardin-des-Plantes et y est resté jusqu'à la brune. Quant au second chef d'accusation, la lettre écrite à Maréchal le 4 avril et trouvée sur cet insurgé, Mouline donne l'explication de cette lettre ; c'est un stratagème auquel il s'est prêté dans l'intérêt et à la sollicitation de Lise Menesson et qui a reçu des événemens les apparences de la réalité. Lise Menesson a reconnu tout d'abord la vérité de cette explication, et elle s'est vérifiée par une autre lettre de cette demoiselle écrite presqu'à la même époque à Maréchal qui était son fiancé.

La note donne ensuite le texte de plusieurs autres lettres qui viennent à l'appui des explications de Mouline. Maintenant, si à toutes ces preuves on ajoute que, le 12 mai, Mouline est allé, pendant qu'on se battait, se promener tranquillement au Jardin-des-Plantes avec une femme et une petite fille, on demeurera convaincu qu'il n'a jamais pu être et n'aura jamais été ce chef important qui, au dire de l'accusation, aurait su six semaines d'avance des événemens que les insurgés ignoraient eux-mêmes le matin de l'insurrection.

Les défenses sont terminées.

M. LE PRÉSIDENT. — La parole est à M. le procureur-général.

M. FRANCK-CARRÉ se lève et donne lecture des réquisitions suivantes :

« Le procureur-général, etc.,

« Attendu qu'il résulte de l'instruction et des débats que les 12 et 13 mai 1839 un attentat a été commis à Paris ayant pour but ;

« 1° De détruire et de changer le gouvernement ;

« 2° D'exciter les citoyens et habitans à s'armer contre l'autorité royale ;

« 3° D'exciter à la guerre civile en armant et en portant les citoyens et habitans à s'armer les uns contre les autres.

En ce qui touche les nommés Blanqui, Quignot, Quarré, Charles, Mouline, Bonnefonds, Piéfort, Focillon, Espinasse, Hendrick, Lombard, Simon, Hubert, Huart, Béasse, Petremann, Bordon, Evanno, Lehericy, Dupouy, Druy, Herbulet, Vallière, Elie, Godard, Patissier, Gérard, Dubourdieu, Dugrospré, Buisson et Bouvrand ;

« Attendu que de l'instruction et des débats résulte contre eux la preuve qu'ils se sont rendus coupables d'avoir commis l'attentat ci-dessus spécifié ;

« Crime prévu par les articles 87, 88 et 91 du code pénal ;

« Requiert qu'il plaise à la cour faire application aux susnommés des articles précités et les condamner aux peines portées par la loi.

« Déclarant, toutefois, en ce qui touche les nommés Quignot, Quarré, Charles, Mouline, Bonnefonds, Piéfort, Focillon, Espinousse, Hendrick, Lombard, Simon, Hubert, Huart, Béasse, Petremann, Bordon, Evanno, Lehericy, Dupouy, Druy, Herbulet, Vallière, Elie, Godard, Patissier, Gérard, Dubourdieu, Dugrospré, Buisson et Bouvrand, s'en remettre à la sagesse de la cour pour faire droit aux réquisitions qui précèdent, et pour tempérer les peines, si la cour le juge convenable. »

M. le Président. — Les accusés et leurs défenseurs ont-ils quelque chose à ajouter ?

Signes négatifs aux bancs des avocats.

Les accusés Blanqui, Quignot, Quarré, répondent : Non.

L'abbé Quarré, frère du dernier accusé, se lève et prononce d'une voix émue les mots suivants :

Mon frère appartient à une famille nombreuse, pauvre, mais honnête, dont il n'a jamais reçu que de bons enseignements et de bons exemples. Vous connaissez son inexpérience : un égarement fatal a pu l'entraîner un instant, mais son cœur est toujours resté pur, vous le savez.

Pendant ses huit mois de prévention, mon frère a eu le temps de réfléchir et de déplorer cet égarement. Confident habituel de ses pensées et de ses sentiments les plus intimes, de leur expression la plus libre, la plus spontanée, je connais le fond de son cœur : son repentir est vrai, sincère, Messieurs les pairs, et j'en remercie la bonté divine.

Il y a huit mois, quand la nouvelle de l'arrestation d'Alexandre vint jeter la douleur et l'effroi dans le sein de ma famille, j'accourus pour tendre les mains à mon frère malheureux; mais alors la justice n'était pas satisfaite, elle ne pouvait me confier le dépôt fraternel que je lui demandais avec instance.

Une seconde fois, je suis venu porter secours et consolation à mon frère. Après la défense que vous avez entendue, j'ose vous le dire, Messieurs les pairs, vous pouvez me confier ce jeune homme, plus imprudent que coupable, à moi qui ai toujours été son guide et son appui.

De nouveaux mois d'emprisonnement pourraient-ils lui être encore nécessaires? Certes, je ne le crois pas. Confiez-le moi plutôt, Messieurs les pairs; permettez-moi de le conduire aux genoux de notre vieux père et dans les bras d'une mère qui a déjà tant pleuré. La religion, sa famille, voilà la double garantie que je vous offre de son avenir. (Sensation.)

Les autres accusés interpelés déclarent qu'ils n'ont rien à ajouter à leur défense. Lombard seul prononce ces quelques mots : « Je ferai observer à la cour que mes témoins ont déposé que j'étais sorti à quatre heures, et que je suis rentré à sept pour ne plus sortir.

M. LE PRÉSIDENT.—Les débats sont clos. La cour en délibérera.

On emmène les accusés, les pairs quittent la salle, et les huissiers font évacuer les tribunes publiques. L'audience est levée.

DOUZIÈME AUDIENCE. — 31 JANVIER.

Arrêt.

Aujourd'hui, vers quatre heures, les avocats des accusés ont été prévenus à domicile que la délibération, commencée lundi dernier, était terminée, et que la Cour allait rendre son arrêt. A cinq heures, les portes de la salle d'audience ont été ouvertes.

Les défenseurs sont à la barre. Quant aux accusés, on sait qu'il est dans les usages de la Cour des pairs de ne prononcer les arrêts qu'en leur absence.

M. Cauchy, greffier, procède à l'appel nominal.

M. le chancelier se couvre, et, au milieu d'un profond silence, les défenseurs étant debout, il lit l'arrêt qui suit :

« La Cour des pairs, vu l'arrêt du 12 juin 1839, ensemble l'acte d'accusation dressé, en conséquence, contre Blanqui (Louis-Auguste);

« Vu pareillement l'arrêt du 18 décembre dernier, ensemble l'acte d'accusation dressé, en conséquence, contre :

« Quignot, Quarré, Charles, Mouline, Bonnefond jeune, Piéfort, Foeillon, Espinousse, Hendrick, Dubourdieu, Dugrospré, Simon, Hubert, Lombard, Huard, Béasse, Petremann, Bordon, Evanno, Lehéricy, Dupouy, Druy, Herbulet, Vallière, Elie, Godard, Patissier, Gérard, Bouvrand et Buisson ;

« Ouï les témoins en leurs dépositions et confrontations avec les accusés ;

« Ouï le procureur général du roi en ses dites et réquisitions, lesquelles réquisitions par lui déposées sur le bureau de la cour, sont ainsi conçues :

« Le procureur-général du roi près la Cour des pairs ;

« Attendu qu'il résulte de l'instruction et des débats que, les 12 et 13 mai 1837, un attentat a été commis à Paris, ayant pour but : 1° de détruire et de changer le gouvernement ; 2° d'exciter les citoyens et habitans à s'armer contre l'autorité royale ; 3° d'exciter la guerre civile en armant et en portant les citoyens et habitans à s'armer les uns contre les autres ;

« En ce qui touche les nommés Blanqui, Quignot, Quarré, Charles, Mouline, Bonnefond, Piéfort, Focillon, Espinousse, Hendrick, Lombard, Simon, Hubert, Huart, Béasse, Petremann, Bordon, Evanno, Lehéricy, Dupouy, Druy, Herbulet, Vallière, Elie, Godard, Patissier, Gérard, Dubourdieu, Dugrospré, Buisson et Bouvrand ;

« Attendu que de l'instruction et des débats résulte contre eux la preuve qu'ils se sont rendus coupables d'avoir commis l'attentat ci-dessus spécifié ;

« Crime prévu par les art. 87, 88 et 91 du Code pénal ;

« Requiert qu'il plaise à la Cour faire application aux susnommés des articles précités, et les condamner aux peines portées par la loi ;

« Déclarant toutefois, en ce qui touche les nommés Quignot, Quarré, Charles, Mouline, Bonnefond, Piéfort, Focillon, Espinousse, Hendrick, Lombard, Simon, Hubert, Huard, Béasse, Petremann, Bordon, Evanno, Lehéricy, Dupouy, Druy, Herbulet, Vallière, Elie, Godard, Patissier, Gérard, Dubourdieu, Dugrospré, Buisson et Bouvrand, s'en remettre à la haute sagesse de la Cour pour faire droit aux réquisitions qui précèdent, et pour tempérer les peines si la Cour le juge convenable.

« Fait au parquet de la Cour des pairs, le 24 janvier 1840.

« Le procureur-général du roi, « Signé FRANK-CARRÉ. »

Après avoir entendu Blanqui dans ses observations, et Me Dupont, son défenseur, dans sa déclaration qu'il renonce à prendre la parole ; Quignot et Me Grevy, son défenseur ; Quarré et Me Lauras, son défenseur, et l'abbé Quarré, son conseil ; Charles et Me Jules Favre, son défenseur ; Moulines et Me Paulmier, son défenseur ; Bonnefond et Me Derodé, son défenseur ; Piéfort et Focillon, et Me Dubrena, leur défenseur ; Hendrick et Me Desgranges, son défenseur ; Lombard et Me Montader, son défenseur ; Simon et Hubert, et Me Desmarest, leur défenseur ; Huard et Me Mathieu, son défenseur ; Béasse et Me Genteur, son défenseur ; Petremann et Me Delamarre, son défenseur ; Bordon et Me Thomas, son défenseur ; Evanno et Me Hello, son défenseur ; Lehéricy et Me Moreau, son défenseur ; Dupouy et Me Benoist, son défenseur ; Druy et Me Rodrigues, son défenseur ; Herbulet et Me Leroyer, son défenseur ; Vallière et Me Maud'heux, son défenseur ; Elie et Me Porte, son défenseur ; Godard et Me Plot-Lequesne, son défenseur ; Patissier et Me Gressier, son défenseur ; Gérard et Me Grellet, son défenseur ; Dubourdieu et Me Conte, son défenseur ; Bouvrand et Me Jolly, son défenseur ; Buisson et Me Cadet de Vaux, son défenseur ; Espinousse et Me Nogent-St-Laurent, son défenseur ; Dugrospré et Me Hemerdinger, son défenseur ; dans leurs moyens de défense, lesdits accusés interpelés en outre conformément au troisième § de l'art. 335 du Code d'instruction criminelle ;

« En ce qui concerne: Moulines (Eugène). Huard (Camille-J.-Baptiste);

« Attendu qu'il n'y a pas de preuves suffisantes qu'ils se soient rendus coupables de l'attentat ci-après qualifié;

« Déclare : Moulines (Eugène), Huard (Camille-Jean-Baptiste), acquittés de l'accusation portée contre eux;

« Ordonne qu'ils seront sur-le-champ mis en liberté s'ils ne sont retenus pour autre cause;

« En ce qui concerne Blanqui, Quignot, Quarré, Charles, Bonnefont jeune, Piéfort, Focillon, Espinousse, Hendrick, Dubourdieu, Dugrospré, Simon, Hubert, Lombard, Béasse, Pétremann, Bordon, Evanno, Lehéricy, Dupouy, Druy, Herbulet, Vallière, Elie, Godard, Patissier, Gérard, Bouvrand et Buisson;

« Attendu qu'il résulte de l'instruction et des débats qu'en mai dernier ils se sont rendus coupables d'un attentat dont le but était de détruire le gouvernement et d'exciter la guerre civile, en armant ou en portant les citoyens et habitans à s'armer les uns contre les autres;

« Déclare : Blanqui, Quignot, Quarré, Charles, Bonnefond jeune, Piéfort, Focillon, Espinousse, Hendrick, Dubourdieu, Dugrospré, Simon, Hubert, Lombard, Béasse, Petremann, Bordon, Evanno, Lehéricy, Dupouy, Druy, Herbulet, Vallière, Elie, Godard, Gérard, Douvrand et Dubuisson,

« Coupables du crime d'attentat, prévu par les articles 87, 88, 91, 69 et 60 du Code pénal, ainsi conçu :

Art. 87 du Code pénal. « L'attentat dont le but sera, soit de détruire, soit de changer le gouvernement ou l'ordre de successibilité au trône, soit d'exciter les citoyens ou habitants à s'armer contre l'autorité royale, sera puni de mort. »

Art. 88. « L'exécution ou la tentative constitueront seules l'attentat. »

Art. 91. « D'attentat dont le but sera, soit d'exciter la guerre civile, en armant ou en portant les citoyens ou habitans à s'armer les uns contre les autres, soit de porter la dévastation, le massacre et le pillage dans une ou plusieurs communes, sera puni de mort. Le complot ayant pour but un des crimes prévus au précédent article, et la proposition de former ce complot, seront punis des peines portées en l'article 89, suivant les distinctions qui y sont établies. »

« Et attendu que les peines doivent être proportionnées à la gravité de la participation de chacun des accusés à l'attentat;

Condamne Blanqui (Louis-Auguste) A LA PEINE DE MORT;

« Quignot (Louis-Pierre-Rose), Elie (Charles-Etienne), chacun à QUINZE ANNÉES DE DÉTENTION;

« Bonnefond jeune (Pierre), Hendrick (Joseph-Hippolyte), Herbulet (Nicolas), Vallière (François), Godard (Charles), Dubourdieu (Jean), chacun à DIX ANNÉES DE DÉTENTION.

« Espinousse (Jean-Léger) Dugrospré (Pierre-Eugène), A SEPT ANNÉES DE DÉTENTION.

« Charles (Jean), Piéfort (François), Focillon (Louis-Xavier-Auguste), Lombard (Louis-Honoré), Simon (Jean-Honoré), Hubert (Constant-Georges-Jacques), Petremann (Emile-Léger), Evanno (Jean-Jacques), Dupouy (Bertrand), Druy (Charles), Gérard (Benjamin-Stanislas), Bouvrand (Auguste), Dubuisson (Louis-Médard, dit Pieux), chacun A CINQ ANNÉES DE DÉTENTION;

« Ordonne, conformément à l'article 47 du Code pénal, qu'après l'expiration de leur peine tous les condamnés à la peine de détention ci-dessus dénommés seront pendant toute leur vie sous la surveillance de la haute police;

« Condamne Béasse (Jean-François), Bordon (Jean-Maurice), Lehéricy (Pierre-Joseph), A CINQ ANNÉES D'EMPRISONNEMENT;

« Quarré (Alexandre-Basile-Louis), Patissier (Pierre-Joseph), A TROIS ANNÉES D'EMPRISONNEMENT;

« ....onne que lesdits : Béasse, Quarré, Bordon, Lehéricy, Palissier, resteront, à partir de l'expiration de leur peine, sous la surveillance de la haute police pendant cinq années ;

« Condamne lesdits Blanqui, Quignot Quarré, Charles, Bonnefond jeune, Piéfort, Focillon, Espinousse, Hendrick, Dubourdieu, Dugrospré, Simon, Hubert, Lombard, Béasse, Petremann, Bordon, Evanno, Lehéricy, Dupouy, Droy, Herbulet, Vallière, Elie, Godard, Palissier, Gérard, Bouvrand et Dubuisson, solidairement aux frais du procès ; desquels frais la liquidation sera faite conformément à la loi, tant pour la portion qui doit être supportée par les condamnés, que pour celle qui doit demeurer à la charge de l'État ;

« Ordonne que le présent arrêt sera exécuté à la diligence du procureur-général du roi, imprimé, publié et affiché partout où besoin sera, et qu'il sera lu et notifié aux accusés par le greffier en chef de la Cour ;

« Fait et délivré à Paris le vendredi 31 janvier 1840, en la chambre du conseil où siégeaient :

« M. le baron Pasquier, chancelier de France, président :

« Et MM. le duc de Montmorency, le maréchal duc de Reggio, le marquis de Louvois, le comte Ricard, le baron Séguier, le comte de Noé, le duc de Massa, le duc Decazes, le comte Claparède, le baron Mounier, le comte Mollien, le comte Reille, le comte de Sparre, vice-amiral comte Verhuell, de Bastard, le comte Portalis, le duc de Crillon, le comte Siméon, le comte Roy, le comte de Vaudreuil, le comte de Tascher, le maréchal comte Molitor, le comte d'Haubersaert, le comte Dejean, le comte de Richebourg, le duc de Brancas, le comte Cholet, le duc de Montebello, le comte Lanjuinais, le marquis de Laplace, le vicomte Ségur-Lamoignon, le duc de Périgord, le comte de Ségur, le comte de Bondy, le baron Davillier, le comte Gilbert de Voisins, le comte d'Anthouard, le comte Excelmans, le vice-amiral comte Jacob, le baron de Lascours, le comte Roguet, le comte de La Rochefoucault, le baron Girod (de l'Ain), le baron Athalin, Aubernon, Besson, le président Boyer, le comte Desroys, de Fezensac, comte Heudelet, Humblot-Conté, baron Malouet, comte de Montguyon, le comte d'Orrano, vice-amiral baron Roussin, le baron Thénard, Tripier, le baron Zangiacomi, le comte de Ham, le baron de Mareuil, le comte Bérenger, le baron Berthezène, les comtes de Colbert, de La Grange, F. Faure, comte Daru, le comte Baudrand, le baron Neigre, le comte de Beaumont, le baron de Reinach, le comte de Saint-Cricq, Barthe, le comte d'Astorg, le baron Brun de Villeret, de Cambacérès, le vicomte de Chabot, le marquis de Cardoue, le baron Feutrier, le marquis de la Moussale, de Ricard, le comte de la Riboissière, le comte de Saint-Aignan, le vicomte Siméon, le comte Bresson, le marquis d'Andigné de la Blanchaye, le marquis d'Audiffret, le comte de Monthion, le marquis de Chanaleilles, le baron de Delort, le baron Dupin, le comte Durosnel, le marquis d'Escayrac de Lauture, le comte d'Harcourt, le vicomte d'Abancourt, le baron Jacquinot, Kératry, le comte d'Audenarde, le vice-amiral Halgan, Mérilhou, le comte de Mosbourg, Odier, Paturle, baron de Vendeuvre, le baron Pelet de la Lozère, Périer, le baron Petit, le vicomte Préval, le chevalier Tarbé de Vauxclaire, le vicomte Tirlet, le vicomte de Villiers du Terrage, le vice-amiral Willaumez, Bourdeau, Laplagne-Barris, Rouillé de Fontaine, le baron de Daunant, le vicomte de Jessaint, le baron de Saint-Didier, Maillard, le duc de la Force, de la Pinsonnière, le baron Nau de Champlouis, Gay-Lussac.

« Lesquels ont signé avec le greffier en chef. »

Il est six heures, l'audience est levée.

Immédiatement après la séance, le greffier en chef de la Cour s'est transporté près des condamnés et leur a donné, à chacun en ce qui le concerne, lecture de l'arrêt de condamnation.

Mouline et Huart ont été mis ce soir même en liberté.